I0842428

Literal: La vanguardia intrigante

Ariel Idez

LITERAL:
LA VANGUARDIA
INTRIGANTE

prometeo
libros

Ariel Idez

Foto de solapa: Carlos Mei

© De esta edición, Prometeo Libros, 2010
Pringles 521, Ciudad Autónoma de Buenos Aires, Argentina
Tel.: (54-11) 4862-6794/Fax: (54-11) 4864-3297
e-mail: distribuidora@prometeolibros.com
http.www.prometeoeditorial.com

Agradecimientos

A Osvaldo Baigorria, por su orientación, sus consejos y su apoyo para convertir esta investigación en tesina, primero, y en libro después. A Ricardo Strafacce, por el aporte de materiales, la lectura del original y la generosa sesión de su biografía sobre Osvaldo Lamborghini, cuando aún estaba inédita. A Andrea Cobas Carral, por su atenta lectura y sus sugerencias para la primera versión de este trabajo. A Nicolás Casullo, por su precisa evaluación y por haber recomendado este libro para su publicación. A Germán García, Luis Gusmán y Tamara Kamenzsain, por el aporte de testimonios y materiales. A Héctor Libertella, por haber puesto en circulación los textos de *Literal* y por las tardes en el *Varela Varelita*.

Índice

Introducción

A principios de los años setenta, cuando todos hablaban de revolución, un grupo de jóvenes escritores se propuso tomar el Palacio de Invierno de la Literatura Argentina. Sus nombres eran Germán García, Luis Gusmán y Osvaldo Lamborghini, y el arma secreta con el que pensaban llevar adelante su plan, una revista literaria llamada *Literal*.

La estrategia no resultaba por cierto novedosa: la historia de la literatura local está jalonada por el nombre de publicaciones que marcaron una época: *La Biblioteca*, de Paul Groussac; *La Revista de América*, de Ruben Darío y Ricardo Jaimes Freyre; *Nosotros* de Alfredo Bianchi y Roberto Giusti; *Martín Fierro*, con los jóvenes Jorge Luis Borges, Oliverio Girondo y Leopoldo Marechal; *Sur*, de Victoria Ocampo; *Contorno*, que agrupó a los hermanos David e Ismael Viñas, Oscar Masotta y Juan José Sebrelli; *Poesía Buenos Aires*, con Edgard Bayley y Francisco Maradiaga, por citar algunas de las más importantes. Estas revistas comprendieron no sólo los nombres de quienes las llevaron adelante, sino sobre todo una forma de pensar y hacer literatura. En este contexto puede decirse de *Literal* que, si bien no cierra este ciclo de constante renovación y reformulación, engloba el último de estos movimientos que se presenta en sociedad con las altisonantes trompetas de la vanguardia.

Mediante esta contraseña casi secreta (a excepción de un texto de Horacio Romeu, la palabra "vanguardia" no se menciona en la publicación), los manifiestos se multiplican en *Literal* para exponer otra forma de leer y escribir que denuncia al mismo tiempo la coartada de un campo literario ahogado por las demandas políticas y propone, en lugar de una literatura revolucionaria, una revolución de la literatura. Contra la fachada del compromiso y la mala fe del referente revolucionario, los hombres de *Literal* librarán su batalla en el plano de la gramática y la sintaxis, herramientas con las que, a fin de cuentas, el orden dominante construye su discurso hegemónico.

De todas maneras, no resulta tan extraño que, en una época signada por la agitación política y social, un grupo de jóvenes autores intentaran copar el cenáculo de las letras locales. ¿Fue *Literal* un movimiento a contramano de su época o se hizo cargo de llevar esa misma lógica hasta sus últimas consecuencias en su propio campo de acción? Este es uno de los interrogantes del cual el presente libro intentará dar cuenta. Para ello, se tratará de reconstruir el campo y el clima cultural en sus aspectos más significativos vinculándolos a las propuestas de la revista.

Lo cierto es que hoy, a 37 años de su primer número, puede decirse que *Literal* ha ejercido la influencia de una corriente subterránea de la que muchos escritores abrevaron para producir su obra. La revista sólo alumbró tres ejemplares: septiembre del 73', mayo del 75' y noviembre del 77'. Pronto devino en mito, se la citó de oídas y se evocó casi como un *pathos* al que la literatura argentina podía aspirar. Con los años, su nombre comenzó a escucharse cada vez con mayor insistencia, a medida que los autores que se formaron bajo su halo comenzaban a ganar protagonismo en el campo literario. De este modo, *Literal* resultó una pieza clave en la educación sentimental de escritores que emergieron y se consolidaron en las décadas siguientes. Rodolfo Enrique Fogwill, por citar uno de los casos más conocidos, agitó el nombre de la revista como santo y seña de un nuevo canon que el autor de *Los Pichicietos* impulsó desde las páginas de publicaciones de los años ochenta, como *El Porteño*, *Vigencia* o *Tiempo Argentino*, en las que escribía: "'No matar las palabras, no dejarse matar por ellas titulaba en su primera edición la revista *Literal*, nacida contemporáneamente y en respuesta a *Crisis*. *Literal* nunca vendió cuarenta mil: habrá vendido cuatrocientos. *Literal* nunca encontró –como *Crisis*– un mecenas coleccionista de arte: oponerse a las supersticiones colectivas no es un buen negocio".[1] Además de Fogwill, la revista mereció una pequeña mención de César Aira en la introducción a la primera edición de *Novelas y Cuentos* de Osvaldo

---

[1] Fogwill, Rodolfo Enrique, "Ese gustito a muerto" en *Los libros de la guerra*, Buenos Aires, Mansalva, 2008, p. 132. Fogwill también ha manifestado la trascendencia de *Literal* en numerosas entrevistas, en una de ellas publicada en 1993 en el *Diario de poesía*, afirma: "Para mí, el único lugar desde donde se podía pensar durante los años setenta era *Literal*". Op. cit. p. 284.

Lamborghini[2] y el reconocimiento de Néstor Perlongher, quien manifestaba la influencia decisiva de Lamborghini en su obra. Además, "del grupo de la revista *Literal*", al que también adjudicaba el "cruce entre lo político-realista y el barroco"[3], hasta llegar a escritores no tan cercanos en su producción a la propuesta de la revista y que, sin embargo, reconocen su magisterio, como es el caso de Alan Pauls[4] y María Moreno, quien retrospectivamente, en ocasión de prologar un libro sobre Luis Gusmán, trazó un excelente cuadro en el que situó a *Literal* dentro de las tensiones de su época y en el que reflexiona: "Para esos ilegítimos, una instantaneidad de ráfaga aglutinaba en el mismo gesto leer, aprender, escribir, enseñar"[5]. En lo que respecta a la crítica, algunos de los primeros autores que repararon en el tema fueron Alberto Giordano y Analía Capdevila, que en 1994 publicaron en la Revista *de letras* N° 3 el artículo "*Literal* y *El frasquito*: las contradicciones de la vanguardia", posteriormente recogido en el libro *Razones de la crítica*, que Giordano editó en 1999. Mientras Damián Tabarovsky, a la cabeza de una nueva generación de críticos, ubicó a *Literal* en un lugar central del campo literario de los últimos años del siglo al afirmar que:

En los ochenta, un grupo de escritores (Libertella, Fogwill, Aira y unos pocos más) impusieron un canon —entendido como un contra-

---

[2] Allí, Aira afirma que el autor :"formó parte de la dirección de una revista de avant-garde, *Literal*, donde publicó algunos textos críticos y poemas". Aira, César, "Prólogo" en Lamborghini, Osvaldo, *Novelas y Cuentos*, Barcelona, ed. Del Serbal, 1988, p. 8

[3] Perlongher, Néstor, *Papeles Insumisos*, Buenos Aires, Santiago Arcos, 2004, p. 324 y p. 302.

[4] En una entrevista reciente, Pauls comenta "Yo me formé básicamente con los escritores del setenta. Con la gente de *Literal* por un lado, y con Ricardo Piglia y Josefina Ludmer por otro. (…) Toda esa gente eran como los enemigos públicos número uno del realismo. (…) Había una especie de facción antirrealista de la que yo soy hijo, totalmente. Y por eso mi enemigo también era el realismo, y el populismo. Mi enemigo era toda aquella poética que enarbolara las banderas de la representación. No reniego para nada de ello, para mí fue una gran formación, y me introdujo en el mundo de problematizarlo todo". Libertella, Mauro, "Del 73", entrevista a Alan Pauls en suplemento Radar Libros , 9 de diciembre de 2007.

[5] Moreno, María "Prólogo" en *Escrito por los otros*, Buenos Aires, Norma, 2004, p. 16.

canon– totalmente novedoso para entender la literatura argentina (en realidad, como un pionero, Libertella lo venía haciendo desde los setenta). Ese canon (diverso, heterogéneo, a veces contradictorio, y que tomaba bastante de *Literal*) incluía a escritores como Osvaldo Lamborghini, Néstor Sánchez, Puig, más tarde a Copi, quizá también a Zelarayán, aún más tarde a Perlongher, Viel Temperley y con mucha buena voluntad y viento a favor, también a Saer.[6]

Unos años después, en 2003, llegaría de manos de Héctor Libertella la antología de *Literal*, que repuso los textos para una generación que hasta entonces sólo los conocía de oídas, junto a un prólogo excepcional en el que Libertella definió esos artículos, ensayos, poemas y relatos como: "los restos de un futuro que vuelve" y resumió con maestría la propuesta de la revista como: "el lento destilado del psicoanálisis en la literatura"[7].

Este recorrido, signado por el reconocimiento tardío que suele caracterizar el recorrido de las vanguardias, culmina con *Literal* como contraseña para comprender buena parte de la producción literaria de fines de los sesenta y principios de los setenta, y como un nombre repetido insistentemente cuando se trata de rememorar la época.[8] Ricardo Strafacce, en su biografía sobre Osvaldo Lamborghini, le dedica más de 60 páginas a la revista, las que, gracias a su inestimable generosidad, pudieron ser utilizadas como material de consulta cuando el libro todavía estaba inédito; como cierre provisorio de este ciclo, Martín Prieto en su *Breve historia de la literatura argentina*, elige comenzar su último capítulo (el número 15) hablando de *Literal*.

---

[6] Tabarovsky, Damián, *Literatura de Izquierda*, Rosario, Beatriz Viterbo, 2004, p. 26.

[7] Libertella, Héctor, "La propuesta y sus extremos" en *Literal* 1973-1977, Buenos Aires, Santiago Arcos, 2003, p.5 y p. 9.

[8] Por citar un caso, en el suplemento Ñ del diario *Clarín*, al trazar un panorama sobre el ambiente cultural previo al golpe de Estado de 1976, la revista *Literal* es nombrada con insistencia. No sólo por Germán García, que adjudica desde el título de su artículo uno de los valores que importaba el proyecto *Literal*: "Otro modo de hablar", sino también por Beatriz Sarlo, que sitúa a la revista "en la ruta de exploración vanguardista" emprendida en esos años. García, Germán, "Otro modo de hablar" y Sarlo Beatriz, "La ficción, antes y después de 1976" en Ñ revista de cultura de *Clarín*, edición especial a 30 años del golpe militar, 18 de marzo de 2006, pp. 22 y 16.

Este no es un dato menor si tenemos en cuenta que otros capítulos del libro se abren con menciones a las revistas *Martín Fierro, Sur* o *Contorno*. Esa serie, en la cual las revistas literarias representan instancias de debate y renovación de la literatura argentina, es en donde Prieto ubica a *Literal*, lugar que este libro intentará refrendar.

Finalmente, tal vez resulte útil rememorar una ilustrativa anécdota de la época para vislumbrar la posición que ocupó *Literal* en su momento. El jueves 15 de abril de 1976, el suplemento "Cultura y Nación" del diario *Clarín* presentaba como tema de tapa una nota titulada "Las Revistas Literarias: un capítulo vivo de nuestra memoria cultural". El excelente artículo, que llevaba la firma de Jorge B. Rivera, proponía un recorrido por las principales publicaciones literarias desde *La Revista de América*, que dio a conocer el movimiento modernista en 1891, hasta las contemporáneas *Crisis* o *El Lagrimal Trifulca*. En el mismo número, pero en la penúltima página, un pequeño suelto titulado "Revista de vanguardia", firmado por Juan Jacobo Bajarlía, anunciaba la existencia de otro proyecto: "*Literal*, una revista de vanguardia con estructuralismo y algo más, cuyos dioses son Barthes, Poullon, Freud, Lacan, Althuser, Levi-Strauss y Foucault". El artículo proseguía resumiendo la propuesta del número 1 y mencionaba la salida del número 2/3, que llevaba impresa en tapa la fecha: mayo de 1975, aunque el suelto avisara que "comienza a circular en estos días". Allí, Bajarlía sintetizaba lo más significativo de la nueva edición y terminaba afirmando que el grupo reunido alrededor de la revista era "el más importante después del invencionismo" y que el proyecto, en suma, representaba "el registro inusual de una época". Esta peculiar mención parece echar luz sobre el lugar que *Literal* venía a ocupar en la literatura: fuera del cuadro familiar de las tradicionales revistas literarias, pero colándose por la ventana para no dejar de ser advertida, antes de iniciar un recorrido que la llevaría del margen al centro de la escena, o para decirlo en palabras de Libertella: "por haber nacido un poco marginal y descentrada, por lo mismo terminó haciéndose centralmente argentina"[9].

---

[9] Libertella, Héctor, "Prólogo" en *11 relatos argentinos del Siglo XX* (Una antología alternativa), Perfil, 1997, p. 7.

Primera Parte

I. *Literal*: clase 73

1973 fue un año agitado en la historia argentina, al punto que en el transcurso de ese año el país tuvo más presidentes que en una década de sucesión democrática convencional. Otro de los acontecimientos claves de 1973 fue el regreso del peronismo al poder tras dieciocho años de proscripción, consecuencia del desgaste sufrido por la dictadura militar que, con el general Agustín Lanusse a la cabeza, había intentado una salida elegante a través del Gran Acuerdo Nacional. El GAN incluía una cláusula de residencia que impidió a Juan Domingo Perón presentarse como candidato, pero no pudo evitar que el líder pisara suelo argentino después de diecisiete años de exilio, precisamente un 17 de noviembre de 1972.

El retiro de los militares del poder se debía al fracaso del proyecto modernizador encarado por el general Juan Carlos Onganía en 1966, que había fomentado las inversiones de grandes capitales multinacionales, pero nunca pudo acumular consenso político y se desgastó ante la creciente movilización de obreros y estudiantes impulsada por nuevas corrientes del sindicalismo. Entre ellas, el clasismo de Agustín Tosco en Córdoba y agrupaciones que incorporaron a la juventud como un nuevo y crucial actor político en la escena argentina, sumadas a la acción emergente de organizaciones armadas como ERP (Ejército Revolucionario del Pueblo), FAR (Fuerzas Armadas Revolucionarias) FAP (Fuerzas Armadas Peronistas) y Montoneros. Estas organizaciones, que iban desde el trotskismo al peronismo de izquierda, estaban integradas en su mayoría por jóvenes menores de 25 años, y consideraban la lucha armada como el escalón más alto del compromiso con la militancia revolucionaria.

En ese contexto de agitación política, los militares llamaron a elecciones y Perón dispuso que su delegado personal, Héctor Cámpora, se presentara junto a Vicente Solano Lima. La fórmula se impuso con el 48,7% de los votos en las elecciones del 11 de marzo. Tanto la Juventud Peronista (JP, rama política de Montoneros) como la CGT, la "burocracia sindical", se sentían artífices de la victoria, y este afán de protagonismo en el proceso político anticipaba una disputa entre facciones dentro del peronismo, que se desataría en breve.

El emblemático 25 de mayo fue elegido como día de la asunción de Cámpora. Al final de esa jornada, bajo la presión de miles de manifestantes, se abrieron las puertas de la cárcel de Devoto y se liberó a todos los presos políticos. Esa misma noche se firmó el decreto del indulto presidencial y, poco después, la Ley de Amnistía. El proceso democrático orientó a las organizaciones armadas hacia un proyecto de construcción política de masas a través de la Juventud Peronista (en la que confluían Montoneros y las FAR, unificados ese mismo año) y el Partido Revolucionario de los Trabajadores (de donde había surgido el ERP como su brazo armado).

Sin embargo, el proceso democrático, lejos de disminuir la movilización, la acrecentó. Se multiplicaron las tomas: fábricas tomadas, hospitales tomados, empresas tomadas, reparticiones públicas tomadas. Los motivos iban desde el pedido de mejores condiciones de trabajo hasta la simple expresión de apoyo al Gobierno. Pronto la derecha peronista también inició su propia estrategia de tomas, por un lado para no ceder espacios a la facción contraria y, por el otro, para desestabilizar una situación que no se les presentaba propicia. En junio se calculaba que un total de 180 empresas y reparticiones públicas estaban tomadas por sus empleados, y los medios comenzaron a hablar de "vacío de poder".

Tras un recelo inicial, la JP había apoyado fervientemente la candidatura de Cámpora y logró insertar numerosos cuadros políticos en el nuevo Gobierno. Sin embargo, el crecimiento de la "tendencia" y su inserción en el aparato del Estado terminarían pronto, más precisamente el 20 de junio, cuando el acto que debía recibir a Perón en su regreso definitivo al país se transformó en la "masacre de Ezeiza". Durante esa jornada sangrienta, la derecha peronista demostró su fuerza ametrallando desde el escenario a los militantes que habían colmado el predio de Ezeiza para recibir al viejo líder.

La "masacre de Ezeiza" señaló el primer paso de una avanzada de la rama derecha del peronismo que, impulsada por el secretario personal de Perón –el *Brujo* José López Rega– y tradicionales líderes sindicales como Lorenzo Miguel y José Rucci, trataba de desplazar a la JP de los puestos de gobierno que había logrado con el *Tío* Cámpora.

Mientras tanto, el ministro de Economía, José Ber Gelbard lanzaba el "Pacto Social", un paquete de medidas basado en un acuerdo entre la CGE y la CGT para congelar precios y reducir la inflación. El Pacto Social también implicaba un aumento de casi el 20% del poder adquisitivo del salario y apuntaba a transformar la estructura económica del país. Poco después, el 13 de julio, Cámpora y Solano Lima renunciaron y asumió el mando interino Raúl Lastiri, yerno de López Rega. Un Juan Domingo Perón viejo y enfermo tomó la responsabilidad de presentarse a elecciones, secundado en la fórmula por su mujer, Isabel Martínez. El 23 de septiembre se llevó adelante la segunda elección presidencial del año y Perón obtuvo el 61,85% de los votos, el mayor porcentaje de la historia electoral argentina. Apenas dos días después, un comando de Montoneros acribilló de 23 balazos al Secretario General de la CGT, José Ignacio Rucci, en "represalia por la masacre de Ezeiza", y condicionó un proceso político que ya se preveía complicado. El tramo final de 1973 no fue menos agitado que el resto del año. El 12 de Octubre Perón asumió la presidencia y, dos meses después, la Triple A (Alianza Anticomunista Argentina), grupo parapolicial organizado por López Rega, se dio a conocer al hacer explotar una bomba en el automóvil del senador radical Hipólito Solari Irigoyen.

En materia internacional, cabe decir que Argentina en 1973 integraba un selecto club en América del Sur: el de los países con gobierno democrático, junto a Venezuela, Colombia y Guyana. En Uruguay, los militares habían disuelto las cámaras legislativas y dejado al presidente José María Bordaberry como gobernante "títere" a mediados de febrero, pero el golpe que realmente impactó en Argentina fue la caída de Salvador Allende en Chile, el 11 de septiembre. El golpe de Estado conducido por Augusto Pinochet, lejos de alertar acerca de un escenario adverso en el continente, fue interpretado por muchas agrupaciones de izquierda como la imposibilidad de llevar adelante un proceso socialista por vía democrática y la necesidad insustituible de la lucha armada para concretar ese anhelado objetivo. Estados Unidos, o "El Imperialismo" tal como se lo conocía por entonces, seguía empantanado en Vietnam mientras buscaba hacer digna su retirada. El reelegido presidente, Richard Nixon, no se preocupaba demasiado por las denuncias que comenzaba a publicar el *Washington Post* y que derivarían en el escándalo de Watergate. Su Secretario de Estado, Henry Kissinger, felicitaba en el plano privado a los agentes de la CIA por su trabajo en Chile, mientras hacía ingentes esfuerzos, en su función pública, por concretar la paz entre árabes e israelíes tras la Guerra de Yom Kipur, que abarcó del 6 al 24 de octubre y ocupó las tapas de los diarios de aquel entonces. Mucho menos espacio se llevó el alza del petróleo que se desencadenó en Medio Oriente a raíz de la guerra y continuó después de ella hasta cuadruplicar el valor del barril de crudo. Sin embargo, la *crisis* del petróleo tendría consecuencias mucho más graves que un ajuste de fronteras: se avecinaba el fin de la era de la energía barata y con ella la declinación del "Estado de Bienestar". En los próximos años, América Latina se convertiría en laboratorio de ensayo para las nuevas teorías económicas que impulsaría el neoliberalismo.

En noviembre de este 1973, el primer número de *Literal* salía a la calle.

II. Clima Cultural

"Mi ametralladora es la literatura"[10], decía Julio Cortázar en el segundo número de la revista *Crisis* –en junio del 73– y daba el tono de la época, en la que todo intelectual comprometido tenía que portar algún tipo de arma en su lucha por la revolución. Algo similar repetía el escritor y periodista Tomás Eloy Martínez en la presentación de su libro *La pasión según Trelew*, que se llevó a cabo en una Unidad Básica de la villa del Bajo Belgrano. "Mi máquina de escribir dejó de ser una simple herramienta de trabajo para convertirse también en un arma de combate. Mi obligación de escritor era devolverle al pueblo la imagen veraz de todos los sufrimientos y combates que él mismo vive cotidianamente", afirmaba en el artículo que el diario *La Opinión* le dedicaba al acontecimiento[11]. El mismo diario, que según el célebre comentario se caracterizaba por ser: "de derecha en economía, de centro en política y de izquierda en cultura", sería uno de los medios paradigmáticos de la época, tal vez porque su existen-

---

[10] "Julio Cortázar: mi ametralladora es la literatura" en Crisis No. 2, Junio de 1973, p. 10. El párrafo completo era: "En este tiempo hay quien dice que lo único que cuenta es el lenguaje de las ametralladoras. Yo te voy a repetir lo que le dije a Collazos en nuestra polémica: cada uno tiene sus ametralladoras específicas. La mía, por el momento, es la literatura".

[11] Caparrós, Martín y Anguita, Eduardo, *La Voluntad* Tomo II, ed. Norma, Buenos Aires, 1998 p. 152. Rodolfo Walsh enuncia una comparación similar en una entrevista que le realiza Ricardo Piglia en 1970: "Hasta que te das cuenta que tenés un arma: la máquina de escribir. Según cómo la manejás es un abanico o es una pistola y podés utilizar la máquina de escribir para producir resultados tangibles". En Walsh, Rodolfo, *Un oscuro día de justicia*, ed. Siglo XXI, Buenos Aires, 1973 p. 28.

cia abarca tan sólo este período de 1971 a 1976. El Matutino, fundado por Jacobo Timerman tras la exitosa experiencia de *Primera Plana*, se inspiraba en el periódico francés *Le Monde* y se proponía casi como un "segundo diario", sin fotos ni títulos grandes y con una impronta más analítica que informativa. En abril del ´73, *La Opinión* lanzó un concurso literario, el "Premio Internacional de Novela América Latina", junto a la editorial Sudamericana, con un prestigioso jurado integrado por Julio Cortázar, Juan Carlos Onetti, Augusto Roa Bastos y Rodolfo Walsh. El fallo se conoció en el mes de abril y fue dividido: el premio se lo llevó la novela policial *Los tigres de la memoria* de Juan Carlos Martelli, votada por Roa Bastos y Onetti, mientras que Cortázar optó por *Moros en la costa* de Ariel Dorfman, y Walsh eligió *Los penúltimos días*, de Francisco *Paco*, Urondo. Pocos días después el autor de *Operación Masacre* exponía las razones de su voto en el diario de Timerman e informaba que éstas también podían ser tomadas como un comentario a la situación de la novela contemporánea. Allí Walsh se pregunta qué aporta el género a la lectura primordial de un continente desgarrado o de un país que oscila entre la desesperación y la euforia. Según sus propias palabras:

> Tampoco se trata de que estos novelistas asuman un "compromiso". Muchos lo asumen, incluso en su apariencia más radical: hay una nueva novela "guerrillera". Es como si el autor que hasta ayer vivía en la minucia, la incertidumbre de la conciencia burguesa, hubiera pasado de un salto a vivir la certeza de la conciencia revolucionaria.
> Creo que se les quedan algunas cosas en el camino, algunas formas humildes de la militancia. Así, en una de las muestras más ambiciosas de esa corriente se tematiza una guerrilla rural de personajes clásicos: el cura tercermundista, el médico de izquierda, los hacheros de un obraje. Aunque el pueblo es imaginario, el país es la Argentina actual, una Argentina que contiene un departamento en Flores y una óptica Lutz Ferrando, pero no contiene la palabra "peronismo". Otros advierten este hueco en su experiencia, esa falta de participación, y lo suplen con recortes de diarios. Es, ya lo he dicho, como si el periodismo –aún el periodismo asalariado y dependiente que todos conocemos– fuese, de todos modos, un mejor testigo de lo que pasa, que esas formas supuestamente más refinadas y perceptivas de la escritura, digo, la novela. Y también, o lo que es lo mismo,

> como si la ficción literaria no hubiera avanzado mayormente hacia la emancipación de su patente estigma de clase, de clase burguesa, avance que no se puede dar si no se integra la experiencia literaria con la experiencia política en el seno del pueblo.[12]

El veredicto de Walsh desborda esa función para convertirse, como él mismo lo afirma, en una descripción de la Situación de la Novela (o al menos una de sus aristas más significativas) a comienzos de 1973. Aquí Walsh enumera, punto por punto, los aspectos más representativos de esa situación: la opción por el "compromiso" que muchos autores adoptan como estrategia para prestigiar y posicionar su obra, trasladando al papel una actitud que no asumen en su existencia cotidiana. Otro punto es la dificultad de reconocer al peronismo ("el hecho maldito del país burgués") y la tendencia a representar la revolución como producto del accionar de la guerrilla rural de impronta cubana, que tanto había seducido a intelectuales europeos como Jean Paul Sartre o Regis Debray. En última instancia, llevando estos razonamientos hasta su límite, lo que se discute en la época es la probable inutilidad de la literatura o, más específicamente, de la novela como expresión de clase y fenómeno prototípicamente burgués, que pierde terreno frente a otras formas más directas y efectivas para denunciar la iniquidad del orden social instituido, como el periodismo, incluso el periodismo "asalariado y dependiente", es decir, falto de "compromiso". Podríamos rastrear esta situación a principios de la década, cuando la revista *Los Libros* inicia su etapa de "latinoamericanización", y su director Héctor Schmucler escribe en el editorial: "Ya se sabe que el formato libro no privilegia ninguna escritura. Es posible que las obras más importantes se estén escribiendo en las noticias periodísticas o en los flashes televisivos. O en los muros de cualquier parte del mundo"[13]. Incluso Julio Cortázar había experimentado con *El libro de Manuel*, publicado este mismo año, el collage y el ensamblaje con artículos periodísticos, como modo de hacer entrar a la "realidad" en su ficción. La frase que equipara a la literatura con una ametralladora es parte de

---

[12] Caparrós, Martín y Anguita, Eduardo, *La Voluntad* Tomo I, Buenos Aires, Norma, 1997, pp. 664-665.

[13] Schmucler, Héctor, *Los Libros*, Editorial, número 8, mayo de 1970.

la defensa que Cortázar hace de este libro, cuyas ganancias por derechos de autor eran donadas a los presos políticos. Esta confianza en los medios masivos era compartida por las agrupaciones políticas, que durante el transcurso del año lanzaron sus propios medios gráficos. En septiembre salió el diario *El Mundo*, del PRT, que semanalmente publicaba una columna de opinión a cargo de Manuel Contreras, seudónimo en el que todos los entendidos reconocían la firma de Mario Roberto Santucho. El diario *Noticias*, por otra parte, salió a la calle en noviembre, apoyado y financiado por la agrupación Montoneros, y alcanzó rápidamente una tirada cercana a los 100.000 ejemplares. En gran medida, gracias a la calidad de su *staff* periodístico que contaba con Miguel Bonasso como director y Rodolfo Walsh, Francisco *Paco* Urondo, Juan Gelman y Horacio Verbitsky a cargo de las diferente secciones, entre las que significativamente no se encontraba la de "Cultura", ausente en el diario. Los dos emprendimientos apelaban a un lenguaje directo y apuntaban a un público amplio. Su lector modelo estaba mucho más cerca de *Crónica* que de *La Opinión*. Algo similar sucedía con la revista de la Juventud Peronista, lanzada en mayo del mismo año bajo la dirección de Dardo Cabo: el semanario *El Descamisado* hacía gala de un estilo coloquial y un lenguaje cómplice para seducir a sus más de 150.000 lectores.[14]

La tensión entre la novela como herramienta en la lucha revolucionaria y la condición histórica de su surgimiento –medio de expresión e identificación de la clase burguesa–, sólo parecía poder superarse en la integración de la experiencia literaria con la experien-

---

[14] *El Descamisado* se caracteriza por sus tapas a dos colores con títulos muy grandes, que no suelen llevar foto. Otro de los recursos de la cultura popular que incorpora es la historieta, con la que ilustra una versión revisionista de la historia argentina (la sección se llama "450 años de guerra contra el imperialismo"). El logotipo de la revista imita la tipografía de una pintada política en un paredón, mientras que los títulos suelen apelar al "nosotros" inclusivo y el lenguaje de jerga política e incluso callejera. Tras las elecciones de septiembre, el semanario titula: "Perón ya es nuestro gobierno", pero una muestra extrema de este estilo se encuentra en el número 28, del 27 de noviembre de 1973. Perón había tenido serios problemas de salud, y sobre una portada de fondo rojo, *El Descamisado* dice: "Siempre fue gorila hablar de la enfermedad de Perón. Pero compañeros, ¡QUE CAGASO!" (sic)

cia política en el seno del pueblo, es decir, a través de la militancia. Pero ¿esto no significaría dejar absorber la literatura en la misma actividad política? El propio Walsh había atravesado esta encrucijada característica de la época en forma traumática, según atestiguan sus diarios, donde se pone en evidencia la distancia entre la seguridad de las declaraciones públicas y sus anotaciones privadas. Esta tensión entre el desdén de la literatura frente a la acción política y el deseo de escribir la propia obra es permanente en los diarios del autor de *Operación Masacre*, como si hubiese decidido vivir en carne propia la tensión de todo el campo literario. Por citar sólo un ejemplo, en una entrevista que concede a Ricardo Piglia en 1970, Walsh afirma: "Es imposible hoy en la Argentina hacer literatura desvinculada de la política"[15], mientras que en su diario del mismo año anota: "Tengo que escribir esta novela, aunque sea mi última novela burguesa, además de ser la primera. Mientras permanezca sin hacer es un tapón".[16] De ahí que Walsh conceda su voto, en el concurso de *La Opinión*, al escritor más comprometido políticamente, Francisco Urondo. Si bien califica su obra de "desprolija" y "jodona", lo que permite conjeturar que aunque probablemente no sea per se la "mejor" entre todas las presentadas, se hace merecedora del galardón por describir "las perplejidades de nuestra *intelligentsia* ante el surgimiento de las primeras grandes luchas populares", es decir, el preciso momento en que los intelectuales comienzan a dudar de su papel de vanguardia de los movimientos sociales para encuadrarse en esas luchas y buscar la manera de sumar su aporte personal. Un premio, en definitiva, para un escritor que se sumó a las FAR y le puso el cuerpo a la lucha revolucionaria, se convirtió en combatiente y puede legitimar su obra desde el "espacio de que hoy dispone en (la cárcel de) Villa Devoto"[17]. Como otra de las vueltas de tuerca que caracterizaron a este 1973, baste decir que Urondo salió en libertad el mismo 25 de mayo en que las puertas del penal se abrieron para dejar en libertad a todos los presos políticos, y pasó a una oficina, quizá no mucho más espaciosa, desde la que dirigía la Facultad de Filosofía y Letras. Mientras tanto, en el playón del estacionamiento de otra Facultad, la de Economía, el

---

[15] Walsh, Rodolfo, Ese hombre y otros papeles personales, Buenos Aires, Seix Barral, 1996, p. 220.

[16] Op. cit. p., 157. Puede consultarse también al respecto pp. 221-222 y p. 198.

[17] Caparros y Anguita, op. cit.

sociólogo Horacio González organizaba, ante un auditorio de miles de alumnos, clases magistrales que se proponían representar una relectura nacional y popular de los hechos más significativos de la historia argentina. Un grupo de actores representaban un episodio particular en el improvisado escenario y después se promovía el multitudinario debate.

En el interés de los lectores, la política también parecía ocupar el espacio principal, al menos así lo atestigua el artículo que la sección cultural de *La Opinión* publicó hacia fin de año: "No debe sorprender que la mayoría de los libros más vendidos en la Argentina durante 1973 sean textos políticos o ficciones que comentan la realidad política y social: es una consecuencia lógica de un año regido por las leyes de la militancia, la puja electoral y las movilizaciones populares"[18]. La lista de libros de no-ficción más vendidos era encabezada por Juan Domingo Perón, con tres títulos: *La Hora de los pueblos*, *Conducción política* y *Apuntes de historia militar*. Detrás, lo seguían *El varón domado* de Ester Vilar, la *Correspondencia Perón-Cooke*, *La Razón de mi vida* de Eva Perón, *De Perón a Lanusse* de Félix Luna, *Las venas abiertas de América Latina* de Eduardo Galeano, *La Patria Fusilada* de Francisco Urondo, *La pasión según Trelew* de Tomás Eloy Martínez, *Mi pensamiento político*, de Salvador Allende y *El caso Satanovsky* de Rodolfo Walsh. Esto explica, en parte, el carácter de los libros publicitados en *Literal 1*[19], en su abrumadora mayoría textos sobre política y economía.

Por otra parte, la lista de libros de ficción más vendidos era liderada por *Las Tumbas* de Enrique Medina; *El Principito* de Antoine de Saint Exupéry; *El día del chacal* y *Odessa* de Frederick Forsyth; *Juan Salvador Gaviota* de Richard Bach; *Mal Don* de Silvina Bullrich; *El libro de Manuel* de Julio Cortázar; *The Buenos Aires Affair* de Manuel Puig; *Triste, solitario y final* de Osvaldo Soriano; *Cuentos con niebla* de Poldy Bird; *El cónsul honorario* de Graham Greene; *Vagamundo* de Eduardo Galeano y *Preso común* de Eduardo Perrone. En el mismo artículo *La Opinión* entrevistaba a Daniel Divinsky, director de

---

[18] Citado en *La Voluntad*, Tomo II p. 217.
[19] Ver en "Surgimiento de *Literal*" categorías de libros publicitados en el primer número.

Ediciones de La Flor, por su acierto con *Las Tumbas* de Medina, que se había convertido en el libro de ficción más vendido del año. Divinsky traza un paralelo entre *Las Tumbas* y *Preso común*, que también había editado:

> Desmitifican el tema del reformatorio y de las cárceles. No plantean problemas individuales, sino como reflejo del sistema social. Lo que me interesó a mí también le interesó a la gente, que se emociona cada vez menos con los personajes de ficción. Esto podría llevar a internarse en el análisis de las posibilidades de éxito de la literatura testimonial, en relación a la de ficción. La gente cada vez se interesa menos por las cosas que les pasan a personas que no existen, o sea por la literatura de pura invención. En cambio aquellos libros donde se puede sentir la presencia del autor (libros no necesariamente autobiográficos, pero en los que se relata algo vivido y sentido) tienen hoy mayores posibilidades de éxito.[20]

Sin embargo, Divinsky, que años atrás había rechazado un manuscrito de Osvaldo Lamborghini confesándole a su autor, "¿Qué querés, viejo? Con esto vamos en cana…"[21], no mencionaba en la entrevista de *La Opinión* que ese mismo año, entre los 120 títulos que publicaba su editorial, se encontraba *Impresiones de África* de Raymond Roussel; un libro mucho más cercano a las propuestas de *Literal* que a sus declaraciones sobre los gustos del lector argentino. De algún modo, esto era posible por el buen período que atravesaba la industria editorial argentina desde mediados de los sesenta; en gran medida gracias a Boris Spivacow, artífice de la creación de dos sellos emblemáticos: la Editorial Universitaria de Buenos Aires (EUDEBA)[22] y el Centro Editor de América Latina (CEAL). Estos sellos impulsaron las grandes tiradas y ampliaron el circuito de distribución del libro a ámbitos no tradicionales, como kioscos de revis-

---

[20] Citado en *La Voluntad*, Tomo II, p. 218.

[21] Al menos eso relata Lamborghini en la "Encuesta a la Literatura Argentina" de 1969, que publica la revista Los Libros en su número 7, correspondiente a enero-febrero de 1970.

[22] EUDEBA inició sus actividades en 1958 y cabe mencionar que entre 1959 y 1962 publicó 3 millones de ejemplares, 200 títulos y 50 reimpresiones.

tas, estaciones de servicio y supermercados. A este impulso se sumó la difusión de los autores argentinos emprendida por semanarios como *Primera Plana* y *Confirmado*, que por un lado modernizaron la vieja página de libros de los diarios y por otro transformaron la figura del escritor hasta convertirlo en un icono cultural.

Estos factores promovieron un "boom de la literatura argentina", que venía a insertarse en el más amplio "boom de la literatura latinoamericana". Esta situación, sumada a un período de bonanza económica, permitió que surgieran pequeñas editoriales que, gracias a su dinamismo y a la apuesta por nuevos autores, pronto le pelearían una porción del mercado a las más grandes, tal es el caso de De La Flor, Galerna (que financió la revista *Los Libros*), Carlos Pérez y Brújula. Aunque el caso más emblemático lo representa la editorial Jorge Álvarez, que publicó *Nanina*, la primera novela de Germán García (lo que le costó afrontar un juicio por obscenidad), y contaba entre su catálogo con *Boquitas Pintadas* de Manuel Puig y varios títulos de Rodolfo Walsh[23]. Es en este contexto propicio cuando Alberto Alba funda su propio sello: Ediciones Noé. Así, sigue los pasos que le habían garantizado el éxito a sus antecesores: lanzar autores noveles que van por su primer o segundo libro, como Luis Gusmán u Osvaldo Lamborghini, y apoyarlos financiando la edición de una revista que promueva su obra.

A pesar de la fuerte impronta política que parecía impregnar a escritores y lectores por igual, durante el año ´73 algunos críticos y periodistas culturales intentaron tomar distancia y rescatar algunas obras por su valor intrínseco como literatura. Al menos así lo atestiguan los artículos que publicaron hacia fin de año Enrique Pezzoni en el suplemento cultural de *Clarín* y Jorge di Paola (un "aliado" en la causa de los *literalistas*, si recordamos que en el mismo año había publicado sendas entrevistas a Luis Gusmán y Osvaldo Lamborghini) en el semanario *Panorama*, con el objetivo de hacer un balance de la producción literaria del año que tocaba su fin. Pezzoni comenzaba su artículo con una advertencia: "No intentaré catalogar la narrativa argentina publicada durante 1973. (...) Más importante que catalogar es señalar la

---

[23] Entre otros, los libros de cuentos *Los oficios terrestres* y *Un kilo de oro*, editados en 1965 y 1967 respectivamente. Jorge Álvarez fue, asimismo, uno de los principales difusores del incipiente rock nacional a través del sello musical Mandioca.

presencia de determinadas obras que, asociadas por afinidades mucho más significativas que la semejanza de los procedimientos, circunscriben límites de zonas literarias excluyentes, irreductibles al afán totalizador de la crítica tradicional". Después, afirmaba: "Un inventario tan reducido de la narrativa argentina aparecida en 1973 como el que incluyera apenas *The Buenos Aires Affair* (Manuel Puig), *Sólo Ángeles* (Enrique Medina), *Triste, solitario y final* (Osvaldo Soriano) y *Sebregondi Retrocede* (Osvaldo Lamborghini), ya bastaría para reemplazar la propuesta idealista de la literatura inaccesible y única por la de una multiplicidad de espacios".[24] A continuación, Pezzoni analizaba cada uno de los títulos citados y, después del libro de Soriano, trazaba una pequeña conclusión: "Puig, Soriano, Medina invaden el mundo burgués, imitan los productos de que se abastecen, desenmascaran su imbecilidad, crean la expectativas de formas futuras, de un espacio nuevo que todavía no asoma". Más adelante agregaba:

> Quizá el más fuerte testimonio de ese espacio futuro lo da Osvaldo Lamborghini en *Sebregondi Retrocede*: obra irreductible a cualquier modo de lectura condicionada por las pautas habituales. (…) literatura erigida sobre sí misma y empeñada en destruirse una y otra vez para reiniciarse. La subversión de Lamborghini consiste no solo en la determinación de abrir con insolencia un espacio nuevo, sino también en proponer a nuestra inquietud la infinita posibilidad de otros espacios que se inaugurarán inexorablemente.[25]

Resulta curioso constatar que el título del artículo es "Tres Obras Singulares", cuando las obras mencionadas son cuatro. O bien Pezzoni tenía serios problemas con la aritmética, o una de las obras se le coló por la ventana a último momento. Jorge di Paola, en cambio, hacía bien las cuentas para trazar un resumen más amplio del año, incluyendo lo que le había gustado y lo que no. Así decía de *El libro de Manuel*, que: "Cortázar se precipitó en el rebuscamiento y el tedio", que *The Buenos Aires Affair* era, en cambio, "uno de los textos

---

[24] Pezzoni, Enrique, "Tres obras singulares" en "Cultura y Nación", suplemento cultural de *Clarín*, 27 de noviembre de 1973, p. 3.
[25] Pezzoni, Enrique, op. cit.

más fascinantes del año", y que Osvaldo Soriano había logrado con su primera novela: "la virtud de parecer sencillo, divertido, melancólico y tierno". Para el final se guardaba un as:

> La vanguardia, por fin, ha deparado al lector argentino páginas estremecedoras y originales: *Sebregondi Retrocede* de Osvaldo Lamborghini, un texto difícil y astuto, ha sumergido al lenguaje en un baño de agua regia, disolviéndolo para transmutarlo en otra sustancia, en la que el relato se quiebra y se recompone con óptica diferente. Si los hábitos del lector son transformados, este libro no será una curiosidad sino un precursor.[26]

Como ya hemos visto, los otros libros mencionados ocupaban la lista de los más vendidos, lo que claramente no sucedía con la obra de Lamborghini, a pesar del empujón de estas reseñas y de los 500 ejemplares que Luis Gusmán hizo encargar a la librería Martín Fierro, en la que trabajaba como encargado, y que lo obligaron a hacer pasar en los balances por "Sebregondi" a cada libro que vendía por el mismo monto de pesos 13.

Más allá de la literatura, la actividad de los intelectuales pasaba más cerca de los circuitos de la bohemia que de las instituciones formales. Y la bohemia se concentraba alrededor de la calle Corrientes. También en las librerías[27], como la mencionada Martín Fierro, Fausto o Hernández; en el cine Libertador, donde se exhibía por primera vez fuera de las funciones clandestinas *La Hora de los Hornos* de Pino Solanas y Octavio Getino, o en el Royal, donde se podía ver *Blow Up*, la película que Michelangelo Antonioni filmó inspirándose en el cuento "Las babas del diablo" de Julio Cortázar. Pero, sobre todo, la bohemia discurría en las mesas de los cafés de la calle Corrientes. Los cafés no sólo eran ámbitos de discusión, sino también de formación, en los que se conquistaba el prestigio al calor del debate, se intercambiaba información, se descubrían y se comentaban nuevos autores.

---

[26] Citado en *La Voluntad*, Tomo II p. 218.

[27] "Las librerías de la Calle Corrientes, representaron un medio de intercomunicación entre circuitos ideológicos separados tanto personal como institucionalmente". Sigal, Silvia, op. cit. p. 128.

Se imponía un modelo de intelectual no solo comprometido, sino también no institucionalizado, del cual Oscar Masotta representaba el modelo más acabado. Masotta nunca obtuvo un título universitario y se dedicaba a coordinar grupos de estudio en los que introducía la lectura de autores que tardarían años en llegar a los claustros[28]. Germán García y Luis Gusmán se formaron en esas clases particulares sin pisar una universidad, que había dejado de ser un ámbito interesante desde la intervención de Onganía en el 66[29]. El grupo fundador de *Literal* solía parar en el bar La Giralda. De ahí cruzaban la calle Corrientes con frecuencia para visitar a Ricardo Zelarayán, que no se movía de su mesa en el Politeama. Cuando los echaban de alguno de estos dos bares, por no consumir en proporción a las horas que transcurrían dentro del local, el éxodo los conducía a La Paz, pero el recorrido también podía abarcar al Paulista, La Opera o El Ramos. Si se trasladaban al bajo, seguro visitarían el bar Bárbaro o El Moderno[30]. En estos ámbitos, entre la niebla del tabaco y la transparencia cristalina del alcohol, los fundadores de *Literal* forjaron y velaron las armas de la polémica y reclutaron a sus compañeros de aventuras. Muchas de las colaboraciones que se publicaron en *Literal* son más el producto de estas afinidades de café que de un acuerdo con los postulados críticos y teóricos de la revista[31]. Incluso en una

---

[28] Ana Longoni transcribe el siguiente testimonio de E. Costa sobre su formación: "Y después aparece Masotta, que es como el renegado, el profesor renegado, el rebelde que no va a la Universidad, pero muchísimo más interesante que cualquiera de los que estaban ahí, excepto Borges, tal vez". Longoni, Ana, "Estudio Preliminar" en Masotta, Oscar, *Revolución en el Arte*, Buenos Aires, Edhasa, 2004, p. 29.

[29] Oscar Steimberg recuerda en la entrevista que concedió para este trabajo: "No valía nada la pertenencia institucional. La universidad era un lugar de desprecio. Entonces todo estaba ahí: lo que dije, lo que escribí, lo que quiso leer el otro, también. Y, por otro lado, por eso eran tan importantes los grupos de estudio".

[30] Sobre la relación entre bares y bohemia literaria hay una interesante entrevista de María Moreno a Miguel Briante, publicada en el suplemento Radar del 30 de enero de 2005.

[31] Especialmente en lo que hace a los textos de ficción, que no siempre parecen representar los postulados críticos y teóricos que enuncia *Literal*. Jorge Quiroga, que formó parte del comité de redacción del segundo número, afirma: "Eran todos amigos. Los conocíamos del café. Éramos medio jodidos, porque si un

mesa redonda sobre literatura y psicoanálisis, organizada en torno a la presentación de la revista del *Grupo Cero* en 1974, y en la que también participaron Oscar Masotta y los miembros de *Literal*, Juan Carlos Indart declaró que las relaciones entre literatura y psicoanálisis tenían mucho que ver con la ciudad de Buenos Aires en tanto escenario privilegiado, porque: "en los espacios de los cafés y los amigos, es tal vez ahí donde hay cierta posibilidad de entender las condiciones de producción de estos fenómenos culturales"[32]. De todos modos, los bares no eran territorio exclusivo de la bohemia literaria. En su mismo espacio se planteaba la convivencia con periodistas que llegaban en masa de las redacciones tras el cierre de la edición, y que podían empaparse *in situ* de las novedades en materia literaria para después divulgarlas en publicaciones de gran tirada, como sucedía con Jorge di Paola o con directores de cine como Julio Ludueña, o actores de teatro como Lorenzo Quinteros. No sólo la vanguardia literaria hacía pie en estos espacios, sino también, y sobre todo, la vanguardia política. Tal vez a unas pocas mesas de distancia, la célula de una "formación especial" intercambiaba información para poner a punto un "operativo", o la chica que parecía esperar a su novio, mientras fumaba nerviosa, en verdad hacía tiempo hasta ver pasar a sus compañeros para controlar que ninguno hubiera caído preso y pusiera en peligro la estructura clandestina de la organización. Esto recuerda de algún modo la caracterización que Walter Benjamin hace de Charles Baudelaire comparándolo con los "conspiradores profesionales" del Segundo Imperio, con quienes el poeta francés compartía los mismos cafés y bulevares. A partir de esta convivencia, Benjamin concluye sobre Baudelaire que: "el incógnito es la ley de su poesía. La estructura de su verso es comparable al plano de una gran ciudad en la que nos movemos sin ser notados, encubiertos por bloques de casas, por pasos a través de puertas o patios. En ese plano se designa a las palabras su sitio exacto, como a conjurados antes de que estalle una revuelta. Baudelaire conspira con el lenguaje mismo"[33].

---

tipo estaba en otra posición literaria, lo hacíamos trizas. Entonces, que nos entregaran textos era medio difícil. Los que publicaban eran todos amigos".

[32] Indart, Juan Carlos y otros "Futuro anterior" en Anamorfosis No 4, Buenos Aires, Diciembre 1996, p. 15.

[33] Benjamin, Walter, *Poesía y Capitalismo Iluminaciones II*, ed. Taurus, Madrid, 1999. p. 117.

Estas palabras bien podrían haber descrito el primer número de *Literal*, que hizo del concepto de "la intriga" uno de sus blasones, y que al comienzo del artículo que llevaba ese mismo nombre anunciaba: "El valor de una intriga no debe juzgarse por su eficacia a corto o largo plazo. También es posible pensar un movimiento cuyos términos oscilarían entre intrigar, conspirar/no dar el golpe"[34] (L. I p. 119).[35]

[34] También el poeta y ensayista Néstor Perlongher, que realizó su "educación sentimental" en los bares de Corrientes por esos años y formó parte del grupo que acompañaba a los mentores de *Literal*, hace una asociación en este sentido cuando afirma en una entrevista publicada en *Clarín* en 1991: "En ese circuito, en ese *guetto* en que yo me movía entonces, esos juegos eran constantes. (…) Ese lenguaje cifrado estaba vinculado con el fenómeno de la militancia política clandestina o semiclandestina, que obligaba a un grado de creación poética incluso para hacer una cita en un bar". Perlongher, Néstor, op. cit. p. 349.
[35] Para facilitar la lectura todas las citas de los cinco números de Literal se realizarán de la siguiente manera: (L.número de la revist. Número de página).

III. Surgimiento de *Literal*

Para indagar en la génesis de *Literal* sería útil remontarnos hacia 1969, cuando se producen dos hechos que a la postre serían claves para la gestación del proyecto. En primer lugar, en agosto de ese año, Germán García acercó un artículo a la redacción de la revista *Los Libros*, con motivo del fallecimiento del escritor polaco Witold Gombrowicz (el artículo finalmente saldría publicado en el segundo número bajo el título "Leer a Gombrowicz"). *Los Libros* había sido fundada poco antes y era dirigida en ese momento por Héctor Schmucler, quien la había ideado inspirándose en la publicación francesa *La Quinzaine Literarie*. En esta primera etapa, el atractivo de la revista pasaba por presentar un completo panorama de las novedades editoriales del mes. A partir de esta colaboración, Germán García se sumó a la redacción de *Los Libros* y consolidó su primera experiencia en el periodismo cultural.

El otro acontecimiento de peso en 1969 es la publicación de *El Fiord*, el primer libro de Osvaldo Lamborghini. Este relato de escasas 27 páginas fue importante por varios motivos. En primer lugar, abrió una vía experimental a contramano de la poética realista que imperaba en ese momento y demostró que otra forma de abordar el lenguaje literario era posible, sin que eso significara resignar el plano político. En segundo término, implicó la primera colaboración entre Germán García y Osvaldo Lamborghini, puesto que García escribió el posfacio, titulado "Los nombres de la negación", y gestionó la publicación del libro en la editorial L.H. (Los Humoristas, que adoptó el nombre ficticio de *Chinatown* para eludir problemas con la censura[36]), entonces dirigida por Carlos Marcucci. García y Lamborghini

---

[36] Para ver en detalle las vicisitudes de la publicación de *El Fiord*: Strafacce, Ricardo, *Osvaldo Lamborghini, una biografía*, Buenos Aires, Mansalva, 2008 caps. 14 y 15.

se habían conocido el año anterior, por ese entonces García estaba próximo a publicar *Nanina*, su primera novela, que resultó un éxito de ventas y provocó un módico escándalo que acabó en un juicio de censura por parte del conservador gobierno de Onganía. A eso se debe que utilizara el seudónimo "Leopoldo Fernández" para firmar el posfacio del breve texto de su amigo. Allí escribía:

> El mundo de la autoridad es simbólico (...) Esta escritura que trata de encarnarse en la destrucción de la autoridad tendrá que ser una escritura que atente contra los símbolos, que cierre el camino de la representación. (...) En *El Fiord* las palabras dejan de ser promesas, dejan de representar un mundo que está fuera de ellas: son el mundo que convocan en el acto imaginario. Pero imaginario no quiere decir contrario a la realidad, sino realidad que se propone como envolvente de la realidad.[37]

Podemos observar ya aquí algunos ejes que caracterizarán a *Literal*: el combate contra la representación como principal operación literaria y la reivindicación de la literatura como lenguaje autorreferencial, pero a la vez con mayor "eficacia política" que el realismo comprometido, por su capacidad para desmontar el discurso dominante. Cabe señalar que, poco después de escribir ese epílogo, García iniciará sus primeros cursos con Oscar Masotta, con quien profundizará sus conocimientos en el campo de la lingüística y el psicoanálisis, herramientas teóricas que había puesto al servicio de la innovadora obra de Lamborghini. Se trataba de la alianza temprana entre un artista intuitivo e impredecible y un intelectual con una rigurosa formación que aportaba un encuadre teórico para potenciar esa obra. Es una buena síntesis de uno de los motores que impulsaría a *Literal*.

El Fiord fue recibido con entusiasmo por un grupo de lectores reducido pero destacado, entre los que se encontraba Oscar Steimberg, que publicó una reseña muy favorable en el número 5 de *Los Libros*[38] y Oscar

---

[37] García, Germán Leopoldo: "Los nombres de la negación" en *El Fiord*, Buenos Aires, *Chinatown*, 1969. p. 43.

[38] Allí, Steimberg se pregunta: "¿Y por qué, si a fin de cuentas la pornolucidez está presente en la literatura desde hace tanto tiempo, *El Fiord* despierta tanta resistencia en sus lectores, o les impide reflexionar sobre él?". Con esto hacía hincapié en las dificultades de recepción que enfrentaba la obra de Osvaldo Lamborghini.

Masotta, que diría, durante la presentación de una revista de psicoanálisis, que Lamborghini ostentaba "un talento extraordinario", y calificaría su obra como "una de las más importantes de la literatura actual"[39].

A su vez, en ese mismo año Germán García trabó amistad con un joven aspirante a escritor oriundo de Avellaneda, Luis Gusmán, quien comenzaba a asomarse a la literatura. El encuentro de Gusmán con García y, al poco tiempo, con Lamborghini transformaría al dúo en trío y cambiaría radicalmente sus influencias, que pasaron del cortazarismo a una escritura más personal y afín a los planteos que en las mesas de los bares de Corrientes esbozaban por ese entonces García y Lamborghini. Fue por el consejo de este último que Gusmán abandonó el proyecto literario en el que trabajaba y retomó un texto que había iniciado a los 18 años y que acabaría convirtiéndose en lo que sería su primera novela: *El frasquito*. De ese encuentro Gusmán también sacaría en claro su afinidad con el psicoanálisis y comenzaría a asistir a los cursos de Masotta, quien a la postre se convertiría en uno de los referentes intelectuales de *Literal*.

Oscar Masotta se había dado a conocer en el grupo de la revista *Contorno*, y fue una figura clave en la modernización del campo cultural argentino entre la década del cincuenta y la del setenta. Durante los años sesenta, Masotta abandonó progresivamente el existencialismo sartreano que caracterizaba a los integrantes de *Contorno* y se dedicó a investigar la antropología estructural de Claude Lévi-Strauss y las nuevas corrientes de la semiología, que lo acercaron a la vanguardia artística que se daba cita en el Instituto Di Tella. Sobre fines de los sesenta concentró su atención en la teoría psicoanalítica lacaniana y se convirtió en el principal introductor de la obra del psicoanalista francés al castellano, que lo llevó a publicar, en 1974, la *Introducción a la lectura de Jacques Lacan*, obra clave en la divulgación de esta rama teórica del psicoanálisis. Masotta fue, como afirma con certeza Ana Longoni: "un lector de avanzada, que introdujo autores y paradigmas teóricos inéditos en el medio intelectual argentino"[40]. Este papel fue clave para la existencia de *Literal*, donde las teorías psicoanalíticas lacanianas se transformarían en una herramienta pre-

---

[39] Masotta, Oscar y otros, "Futuro anterior", en *Anamorfosis* No. 4, Buenos Aires, Diciembre 1996, p. 30.

[40] Longoni, Ana, op. cit. p. 19.

ponderante a la hora de analizar y producir literatura. Masotta, por otra parte, casi no contaba con una inscripción institucional y, por ende, se dedicaba a la formación a través de cursos particulares.[41] Sin embargo, este dato debería ser considerado menos un fracaso de inserción académica que un rasgo característico de la época. Germán García y Luis Gusmán se formaron en estos cursos y fue allí donde tomaron contacto por primera vez con la obra del psicoanalista francés. Esta figura de mentor teórico también era reconocida por Lamborghini, al punto de afirmar en 1974, durante la presentación de la revista del *Grupo Cero*, que: "hablar de la relación psicoanálisis/literatura implica, para mí, abundar acerca de mi aprendizaje con Masotta. Psicoanálisis y lingüística me vinieron de él, pero la verdad es una frase más sinuosa y más larga: ojalá se me haya pegado algo de su astucia".[42] Mientras que en una entrevista concedida en 1980 declara retrospectivamente que: "Massotta para mí era un dios"[43]. Asimismo, Masotta era uno de los pocos pensadores relevantes que no se encuadraba bajo el modelo del intelectual "comprometido" o directamente militante que exigían los tiempos. Exaltar su figura era una forma de no dejarse ganar por la tendencia antiintelectualista[44] que imperaba en Argentina y en toda América Latina. Aunque no participó del primer número de la revista, Masotta colaboró en el 2/3 con la traducción de un poema de Lacan y en el 4/5 con un artículo propio que lleva por título "Del lenguaje y el goce", enviado desde

---

[41] "Durante las décadas del sesenta y setenta, sus incursiones en la docencia académicas son esporádicas y acotadas: se abocó a la formación a través de grupos de estudio extrauniversitarios". Op Cit. p. 29.

[42] Lamborghini, Osvaldo en "Futuro Anterior", op cit. p. 21.

[43] Reportaje en revista *Lecturas Críticas* I, 1980.

[44] Utilizamos este concepto tal como lo entiende Claudia Gilman: "El desarrollo de sentimientos e ideas antitiintelectualistas caracteriza una de las posiciones dominantes del campo intelectual en la segunda mitad de la época, período que suele notarse como ´década del setenta´". "Mientras el trabajo del pueblo continuaba exaltándose, el trabajo intelectual quedaba rezagado. Se llegó entonces a una asimetría valorativa en la cual, si se apreciaba la eficiencia del trabajo no intelectual en la construcción de la nueva sociedad, se devaluaban los medios de la práctica intelectual". Gilman, Claudia, *Entre la pluma y el fusil. Debates y dilemas del escritor revolucionario en América Latina*. Buenos Aires, Siglo Veintiuno, 2003. pp. 165 y 186-187.

España, adonde había llegado después de instalarse en Londres en 1974, ante el clima de violencia que había desatado la Triple A.

Por su parte, Germán García, además de continuar y profundizar su formación en lingüística y psicoanálisis, siguió colaborando en *Los Libros*, donde llegó a publicar trece artículos entre el número 2 y el 27. Con el alejamiento de Schmucler en septiembre del ´72 García pasó a integrar el consejo de dirección junto a Carlos Altamirano, Beatriz Sarlo y Ricardo Piglia. Sin embargo, no estaba de acuerdo con el rumbo que tomaba la publicación. Basta con revisar las mutaciones que sufriera el lema de la revista, que pasó de "Un mes de publicaciones en Argentina y el Mundo" a "Un mes de publicaciones en América Latina", y finalmente devino en: "Para una crítica política de la cultura". A García le quedaba cada vez más claro que *Los Libros* se alejaba de la propuesta inicial y no respetaba la consigna de mantener una relativa independencia del campo cultural con respecto a los acontecimientos políticos, lo que terminó provocando su salida, en desacuerdo con que la publicación participara de la "ascensión a los extremos"[44] que caracterizaba a la época. Para ese momento ya se definía un perfil en la producción literaria de Gusmán y Lamborghini, por eso García no dudó, en cuanto abandonó *Los Libros*, en compartir con sus dos amigos el proyecto de fundar una revista que reflejara sus intereses y funcionara como medio de expresión de esa nueva y revolucionaria corriente en las letras locales.

En 1973, Germán García, Osvaldo Lamborghini, Lorenzo Quinteros y Ricardo Zelarayán (que estuvo cerca de la gestación de la revista aunque no llegó a formar parte de ella) participaron de una experiencia dentro de la "primavera camporista" cuando el hermano de Osvaldo, el poeta Leónidas Lamborghini, los convocó para que colaboraran en el Ministerio de Educación de la Provincia de Buenos Aires, que era gobernada por Oscar Bidegain, afín a la juventud peronista. Sin embargo, su carácter de "funcionarios públicos" duró poco: en julio, con la renuncia de Cámpora a la presidencia, fueron despla-

---

44 Según cuenta Germán García, entrevistado para este trabajo: "Yo sigo en *Los Libros* hasta el número veintipico, llego a estar en la dirección junto a Beatriz Sarlo, Carlos Altamirano y Piglia. A medida que avanza lo que en esa época llamábamos, para usar el lenguaje de Claussewitz, ´la ascensión a los extremos´ es decir, el enfrentamiento, la revista se politiza, en sentido formal".

zados por la avanzada de la derecha peronista en pos de ocupar los espacios de poder. Durante ese mismo año, 1973, Luis Gusmán logró publicar su primer libro: *El frasquito*, precedido por un prólogo teórico firmado por Ricardo Piglia. El libro de Gusmán no pasó inadvertido: "Literatura marginal, escritura que rechaza normas supuestamente establecidas, inquietante como una pesadilla, tiene un singular atractivo: se lee con la fluidez propia de la más habitual y diestra ficción. Sin embargo, *El frasquito* es casi incontable. Da voz a lo que, habitualmente, la literatura argentina silencia o, de otra manera, menciona como innombrable o nombra como censurable", escribía Jorge di Paola el 18 de enero de 1973 en *Panorama*, uno de los semanarios más importantes de la época. La nota iba acompañada por una pequeña entrevista a Gusmán, donde éste decía que *El frasquito* representaba a una nueva corriente de la literatura argentina que había surgido: "a partir de ciertos textos: *Nanina* de Germán García –prohibida aún–; *El Fiord*, de Osvaldo Lamborghini, ilegible a nivel de mercado, rechazo que lleva a plantearse 'qué es lo que fue herido', y *La Traición de Rita Hayworth*, de Manuel Puig, cuya aceptación es más aparente que real"[45].

El mes siguiente sería Osvaldo Lamborghini quien ocuparía las páginas de *Panorama*, –siempre de la mano de Jorge di Paola–, para presentar en sociedad su nuevo libro *Sebregondi Retrocede*, pero en lugar de referirse a su obra preferiría contar: "Desde hace algunos meses colaboro en un proyecto de publicación (se llama *Literal* y coordina Germán García) que va a editar sueños soñados por nadie, firmados por el anonimato de la fecha, materiales antropológicos, fragmentos literarios, fragmentos críticos, agresiones. Para los que haremos *Literal*, su escritura tendrá tanta importancia como la realización de cualquier obra"[46]. El artículo se titulaba, no casualmente, "Osvaldo Lamborghini: Un museo *literal*".

De estos testimonios podemos conjeturar que no sólo estaba bien definido el grupo de *Literal* a principios del 73, sino que además ya se veían a sí mismos como los impulsores de una nueva forma de hacer literatura, una literatura que no subordinara la palabra al referente, y liberara al lenguaje literario de la cárcel de la representación.

---

[45] Di Paola, Jorge, "Gusmán El dominio de los mitos informes", semanario *Panorama*, 18 de enero de 1973.

[46] "Osvaldo Lamborghini: Un museo *literal*" en revista Panorama 22 de febrero de 1973.

En cuanto al diseño de la publicación, García propuso un formato similar al del diario *Crónica*, que fue descartado por dificultades para acceder a los kioscos de revistas. Finalmente se optó por un tamaño reducido, práctico, que pudiera entrar en el bolsillo del pantalón o del saco. Una vez decidido el nombre y el formato fue preciso encontrar un editor que hiciera viable el proyecto. Ese año Osvaldo Lamborghini había logrado publicar su segundo libro, *Sebregondi Retrocede*, en el mismo sello que había editado a Gusmán: Ediciones Noé, una pequeña editorial que publicaba narrativa, ensayo, poesía y teatro. *El frasquito* había vendido alrededor de 3000 ejemplares, y al director de la editorial, Alberto Alba, le pareció que podía ser una buena idea utilizar parte de ese dinero para apoyar y promocionar sus lanzamientos con una revista a cargo de sus mismos autores, como "cabeza de playa" que ayudara a crear su propio público, y aceptó la propuesta de financiar y editar *Literal*.

Una vez en marcha el proyecto, García, Gusmán y Lamborghini comenzaron a sumar gente para completar el *staff* del primer número. Se incorporó Lorenzo Quinteros, vinculado al teatro, y Julio Ludueña, director de cine que había filmado y exhibido en el circuito clandestino la película *Alianza para el progreso*, inclusiones con las que se aseguraban una mirada que excedía los límites del campo literario. Todos los colaboradores ostentaban el mismo origen común: compartían las mesas de los bares en los que "paraban" los fundadores de la revista. Así se incorporaron Josefina Ludmer, Oscar Steimberg, Jorge Quiroga y Horacio Romeu. Otros que rondaban el grupo se sumarían en los números posteriores (como María Moreno, Héctor Libertella o Marcelo Guerra), y otros nunca figurarían, aunque compartieran esas mesas hasta altas horas de la madrugada, como fue el caso de Ricardo Zelarayán[47] o Manuel Puig. Un párrafo aparte merece el caso de Ricardo Ortolá, de quien se publican fragmentos de su novela *Palabra Colmo*, en las tres edi-

---

[47] En una entrevista concedida al suplemento cultural del diario rosarino *El Ciudadano*, el 6 de febrero de 2000, Zelarayán acusa tácitamente a Osvaldo Lamborghini de haberlo dejado afuera del proyecto de la revista: "Bueno, fui parte de esa revista, que tenía una idea muy interesante de Germán García. La idea era no firmar nada (…) Y ¿qué pasó? Pasó que uno de los integrantes de la revista protestó y dijo que él iba a firmar. Y ahí se fue todo a la mierda. Y antes me fue a ver a mí a un estudio de publicidad, a proponerme que

ciones de *Literal*. Ortolá era en verdad un muchacho de Junín sin grandes inquietudes, que un día se atiborró de anfetaminas y leyó, de punta a punta, *El Ser y la Nada* de Jean Paul Sartre. Acto seguido, se sumergió en una escritura desenfrenada que sólo dio por finalizada mil páginas y una semana después, al cabo de la cual cayó desmayado, sumido en un profundo sueño que duró un par de días. De visita en Buenos Aires, Ortolá buscó a su coterráneo García y le entregó el manuscrito de esa obra torrencial y caótica. García realizó una lectura atenta y extrajo algunos de los mejores párrafos de la novela para publicarlos en la futura revista. Fue un experimento más, entre tantos que se llevaron a cabo en *Literal*, quizás el que más gracia hizo a los *literal*istas en virtud de los diversos anclajes teóricos que se le atribuían a Ortolá como claves de su texto, por los lectores que desconocían su filiación. La revista aludió, sin nombrar al autor, a esta operación en su último número, cuando afirmó que: "cada uno suele encontrar lo que pone (un texto publicado en *Literal*, producto del hundimiento esquizofrénico de un sujeto, fue leído como estructuralista)" (L. 4/5 p. 91).

Literal 1: la intriga se presenta

El primer número de *Literal* salió a la calle en noviembre del ´73, precedido por unos afiches que los mismos autores de la revista habían pegado en las paredes del microcentro la madrugada del 27 de

---

lo descabezáramos a Germán. Me dijo que registráramos el nombre de la revista, que lo sacáramos a Germán. Y yo le dije que estaba loco, que Germán era el autor de la idea, y no sólo de esa idea. Y lo mandé a la mierda. ¿Y qué hizo? Fue a ver a los otros a decirles que yo le había propuesto sacar a Germán. Resultado: me echaron a mí, porque le creyeron. Y se fue a la mierda la idea de no firmar. Después se arrepintieron, se dieron cuenta de que el cagador era el otro. Lo echaron en el segundo número, y en el tercero ya hay un comentario de Germán sobre *La obsesión del espacio*". Cabe aclarar que el artículo de García sobre el libro de poemas de Zelarayán se publicó en el nro. 1 de la revista, cuando Lamborghini formaba parte del comité editorial, y que los textos teóricos aparecieron sin firma. Tal vez el fuerte carácter de los dos escritores hiciera imposible que convivieran en el mismo proyecto o como dice Zelarayán al comienzo de uno de sus más celebrados poemas: "Sin vuelta, uno de los dos tiene que morir".

octubre. Los carteles no tenían ninguna imagen y consistían apenas en ocho puntos escritos en letras negras sobre fondo blanco, que llevaban, a modo de título, la frase *LITERAL* No. 1: UNA INTRIGA, y enunciaban ocho puntos o "porqués" que operaban como causas o principios de la revista[48]. El editor Alberto Alba, a su vez, eligió un método más convencional de promoción: pagó sendos avisos en dos de las revistas más importantes del campo cultural, *Crisis* y *Los Libros*; los anuncios llevaban el mismo texto, pero cada revista los adaptaba a su propio estilo. Así podía leerse "Revista *Literal*" (todo en minúscula en *Crisis* y todo en mayúscula en *Los Libros*,) seguido por una lista de términos: "La palabra, el teatro, los mitos, las escenas, la política, los textos, el tiempo, diversos espacios, las muecas, los gestos" (uno a continuación del otro separados por puntos seguidos en *Crisis* y en una lista vertical en *Los Libros*. Debajo de éstos otra lista, esta vez de nombres y apellidos: "Germán García, Luis Gusmán, Osvaldo Lamborghini, Josefina Ludmer, Julio Ludueña, Lorenzo Quinteros, Jorge Quiroga, Ricardo Ortolás, Horacio Romeu" (separados por barras en *Crisis* y por guiones en *Los Libros*).

Consultados en una entrevista que les realizó Tamara Kamenszain para la revista *2001* en agosto del 73, poco antes de la aparición del primer número, los integrantes de *Literal* respondían así acerca del porqué de su nombre: "'*Literal*' significa conformidad con la letra. Ni literatura ni escritura: una trama de letras donde la intriga se desenvuelve sin que haya nada envuelto ´adentro´". Se trataba de leer y escribir "al pie de la letra", siguiendo los dictámenes lacanianos. También resonaban en la definición ecos de la teoría semiótica: una trama infinita de signos. "Seguir tramando por encima ('con altura'), por encima del problema de la finalidad y la finitud",[49] agregaban en la entrevista los miembros de *Literal*, que poco después se encargaron de distribuir los 1500 ejemplares del primer número en las librerías más importantes de la calle Corrientes, como Fausto, Hernández o Martín Fierro, y también en las que circundaban a la Facultad de Letras de la calle Viamonte, como Verbum o Galatea. En estas librerías convivía

---

[48] Estos puntos serán analizados en la tercera parte del libro.

[49] Kamenszain, Tamara, "*Literal* o una forma de tramar intrigas" en Rev. *2001. Periodismo de liberación*, año 6, n° 61, agosto 1973.

con revistas de tendencia populista nacional, como *Envido*, dirigida por Arturo Armada y en la que participaban Horacio González, José Pablo Feinmann y Jorge Luis Bernetti, o de análisis gramsciano, como *Pasado y Presente*, que reunía las firmas de José Aricó, Juan Carlos Portantiero y Héctor Schmucler, entre otros.

Debe haber sido considerable el estupor que provocó la presencia de *Literal* junto a estas publicaciones. De todos modos, sería inexacto afirmar que el lector de aquellas no podía ser lector de ésta. Por lo menos así lo demuestra una somera revisión de las páginas de publicidad que anunciaban en el primer número de *Literal*: figuraban allí dos librerías (Fausto y Martín Fierro) y trece editoriales, incluyendo Ediciones Noé que editaba la revista. Entre los ochenta títulos ofrecidos, veintiocho pertenecían a la categoría de "política y economía" y trece de éstos llevaban la firma de Juan y Eva Duarte de Perón. Seguían, en orden de cantidad, quince novelas, once libros sobre teoría y crítica literaria, siete de psicoanálisis, seis de historia, cuatro de filosofía, tres de lingüística, tres de "ciencias sociales", un libro de derecho, un libro de humor gráfico y un libro de poesía[50]. Esta enumeración puede ser útil para rastrear los intereses que podía ostentar el lector de *Literal*, al tiempo que dibuja un buen fresco de la época y también demuestra que *Literal*, a pesar de entablar una discusión crítica con el campo cultural, estaba inmerso y formaba parte de él.

¿Con qué clase de publicación se encontraron esos primeros lectores? A simple vista, *Literal* se presentaba en forma de libro y a los efectos prácticos, no se diferenciaba de un volumen convencional (tapas blandas, inscripción del título y número de la revista en el lomo). El formato podría explicarse en la figura del editor, Alberto Alba, quien hasta entonces se dedicaba a la edición de libros y no acreditaba experiencia en materia de revistas. Las tapas serían siempre de un solo color: violeta en el n° 1, negro en el n° 2/3 y morado en el 4/5, sin fotos ni ilustraciones, con el nombre y el número de la revista acaparando la mayor parte de la superficie, producto del prolijo diseño de Carlos Boccardo, que también había sido responsable de las cubiertas de *El frasquito* y *Sebregondi Retrocede*. Como para fortalecer la intriga de la que se decía portadora, en la tapa de su primer número *Literal* no menciona los nombres de sus integrantes (lo que sí sucedería en los

---

[50] El recuento es extraído de Strafacce, Ricardo, op. cit. p. 292.

números subsiguientes) y como única pista sobre el contenido de la publicación reproduce el primer párrafo del "Documento *Literal*", aunque sin aclarar su procedencia. De este modo, en su portada, *Literal* se presenta a sí misma como novedad. Es el mero hecho de su existencia lo que las tapas señalan y lo que debía capturar el interés de sus lectores: la curiosidad, la intriga que se oculta tras ese nombre. Esta forma de entablar contacto con el lector está ayudada por la distribución estratégica de la revista, que se exhibía en un grupo de librerías del centro que integraban el circuito cultural y bohemio de Buenos Aires, por lo que no se veía obligada a competir con semanarios y otras publicaciones por la atención de sus lectores desde la marquesina de un quiosco de diarios y revistas. Reposaba en las mesas de novedades de las mismas librerías que ofrecían la primera traducción de *El Antiedipo* de Gilles Deluze y Felix Guattari, estrategia a la que ayudaba su formato libro. En suma, desde sus tapas *Literal* se presenta como un objeto cultural portador de una novedad y un discurso que lo diferencian de otras publicaciones. Desde allí se dirige a un lector que no precisa informarse sobre el contenido de la revista para adquirirla.

Sin imágenes (excepto en algunas publicidades) y con un diseño prolijo que facilita la lectura, *Literal* jugaría sus apuestas más osadas en el plano de los textos: una de las novedades que importaba este primer número consistía en que los artículos teóricos no llevaban firma (lo que sí sucedía con los textos de ficción). Aquí puede reconocerse la influencia de la revista *Scilicet*, que Lacan dirigía en París, dado que allí los nombres al pie de los artículos aparecían tachados. Otra de las razones para adoptar esta curiosa estrategia residía en el hecho de que varios artículos estaban escritos por los mismos autores y, por otra parte, en prevenirse de la crítica que impugna un texto apelando a los antecedentes de su autor, modalidad que Germán García define como: "la coartada de reducir los enunciados al sujeto de enunciación"[51]. Pero no sólo se trataba del mero hecho de publi-

---

[51] En una entrevista realizada para este trabajo, García afirma al respecto: "Sobre la cuestión de no firmar yo me inspiré en la revista de Lacan (*Scilicet*) y lo hice fundamentalmente porque éramos pocos, entonces esa era la manera de crear una intriga, porque acá existía la costumbre de 'ah, eso lo escribió tal, o eso lo escribió cual'. Se trataba de no dejar la coartada de reducir los enunciados al sujeto de enunciación. Entonces al texto no se sabía quién lo había escrito, si lo habían escrito dos, cuatro, etcétera".

car los artículos sin especificar quién los había escrito: en dos casos por lo menos, puesto que sus autores lo han reconocido, se publicaron textos redactados por dos o más personas. Nos referimos al documento *Literal* "El matrimonio entre la utopía y el poder" (L.1 p.35) y "Por Macedonio Fernández. Apuntes alrededor de 35 versos de Elena Bellamuerte" (L.2/3 p.59), escritos uno por García, Gusmán y Lamborghini y otro por Lamborghini junto a Josefina Ludmer. Podemos encontrar aquí varias aristas. No sólo se trataba de aplicar, para la redacción de textos teóricos, un procedimiento típico de las vanguardias europeas como es el cadáver exquisito (si bien reduciendo la cuota de azar e indeterminación de aquél, pero conservando el espíritu de elaboración colectiva que trasciende al "yo" creador), sino que también puede leerse como un gesto acorde a una época donde el posestructuralismo, de la mano de Foucault y Barthes, había extendido el certificado de defunción del autor como figura antropoide a cargo de la "creación" del texto. En estas estrategias que obturan la firma o complejizan la composición del texto hay un interés explícito por desarticular la doxa que relaciona automáticamente al autor con una persona de carne y hueso, y reafirmar, junto a Roland Barthes: "La escritura es la destrucción de toda voz, de todo origen. La escritura es ese lugar neutro, compuesto, oblicuo al que va a parar nuestro sujeto, el blanco-y-negro en donde acaba por perderse toda identidad, comenzando por la propia identidad del cuerpo que escribe"[52]. La propuesta ya se hacía explícita en el afiche/presentación que anticipaba la salida de *Literal*, en cuyo tercer punto se afirmaba: "La literatura se hace con las palabras de una historia, de una lengua determinada, borra a su autor y se abre a una pluralidad indefinida. Cuando la literatura se realiza, ya no es de nadie: pertenece a todos y a la tradición"[53]. Se trataba, entonces, de romper con la representación física de la persona del autor y trocarla por un sujeto múltiple de la enunciación, que articulara la propuesta de la revista.

---

[52] Barthes, Roland, "La muerte del autor" en *El susurro del lenguaje*, Barcelona, Paidós, 1987, p. 3.
[53] "Un cartel invade las calles de Buenos Aires (octubre de 1973)" en *Literal* 1973-1977, Santiago Arcos editor, Buenos Aires, 2002, pag. 135.

En las 122 páginas de su primer número, *Literal* incluía 17 textos entre artículos críticos y de ficción. Los primeros 9 textos, de corte ensayístico, no llevaban firma, mientras que los 7 siguientes, de género literario, sí incluían el nombre de sus respectivos autores; aunque el último texto, "La Intriga", retornaba al anonimato, lo que se explicaba por su carácter de contramanifiesto, en juego con el manifiesto "oficial" que abría el volumen ("No matar la palabra, no dejarse matar por ella"). A su vez, la revista presentaba sólo dos secciones fijas, que se repetirían en el número siguiente: el "Documento *Literal*" y el relato de un sueño ("Soñado el 15 de marzo"). Los textos de ficción, con mayor o menor grado de experimentación, se integraban al campo de la narrativa y comprendían: "La partida de póker" de Lorenzo Quinteros, "Aparecer" de Luis Gusmán, "Nueve" de Horacio Romeu, un texto sin título de Jorge Quiroga, y fragmentos de la novela *Cuerpo sin armazón*, que Oscar Steimberg había publicado tres años atrás, mientras que Osvaldo Lamborghini publicaba la única poesía del volumen: "Soré, resoré". Entre los textos ensayísticos, los aportes de Lorenzo Quinteros (que integraba el consejo de dirección junto a García, Gusmán y Lamborghini) y Julio Ludueña ampliaban las miras de la revista más allá de la literatura y le permitían reflexionar sobre el teatro y el cine, aunque con una notoria diferencia. Quinteros comprendió al punto el proyecto y su "Acto único, cuadro único" se insertó perfectamente en las páginas de *Literal*, haciendo gala del estilo impersonal y sentencioso que caracterizaba a la revista ("el puesto del actor es absolutamente simbólico, payasesco: y entre dos payasos que pelean por quién es el más fuerte está el teatro" L. 1 p.30) y sin dejar de jugar con el deslizamiento del significado entre dos significantes ("La materialidad del escenario no debe confundirse con la virtualidad de la escena" L. 1 p. 32). El texto de Ludueña, "La civilización está haciendo masa y no deja oír", en cambio no pasó de ser una torpe gacetilla mal redactada para promocionar su propia película.

Literal 2/3: la continuidad

Los 1500 ejemplares de ese primer número provocaron el simultáneo entusiasmo de un reducido pero fervoroso grupo de lectores y de los responsables de la revista, quienes de inmediato se pusieron a trabajar para sacar el segundo número a la calle. Sin embargo, las circunstancias políticas y socio-económicas atentaban contra sus deseos de continuidad. En enero de 1974, el ERP fracasó en su intento por copar la guarnición militar de Azul, y el Gobierno respondió endureciendo las penas para las acciones terroristas y clausurando, en marzo, el diario *El Mundo*, vinculado al PRT-ERP. En mayo se tensó aún más la interna peronista y el hecho quedó fijado en el famoso episodio en el que Perón "expulsó" de la Plaza de Mayo a los Montoneros en el acto por el día del trabajo, el 1º de Mayo. Exactamente dos meses después, Perón fallecía y con su cuerpo se enterraban las últimas posibilidades de hallar una salida a la creciente espiral de violencia y tensión. Isabel Martínez de Perón asumió la presidencia y José López Rega, oscuro ministro de Bienestar Social, tomó el poder. Mientras tanto, su grupo parapolicial, la Triple A, asolaba las calles y asesinaba impunemente al padre Carlos Mugica, en mayo, y al abogado Rodolfo Ortega Peña; en julio, a la vez que amenazaba de muerte a cientos de intelectuales, entre los que se encontraba Oscar Masotta, que debió abandonar el país poco después con rumbo a Inglaterra. A la inestabilidad política se sumaba la económica, que no hacía más que empeorar la ya asfixiada industria editorial, cuya producción declinaba desde de 1971[54]. Eso explica por qué, a pesar de haber estado listo a mediados del 74 y de haber entrado a imprenta en diciembre de ese año, el siguiente número de *Literal* llevaría en tapa la fecha "mayo de 1975".

A ese hiato temporal puede adjudicarse la condición "doble" del segundo número de *Literal*, puesto que, a pesar de presentarse como 2/3, la revista apenas exhibe 26 páginas más que su antecesora y no subdivide ni aclara qué artículos corresponden a cada "parte", leyéndose, a efectos prácticos, como un número simple. El carácter doble también podría tener que ver con cierta expectativa generada en los lectores de la revista, ante quienes se trataría de justificar la demora o recompensar su espera con un ejemplar que incluyera dos números en uno. A su vez, la crisis económica, responsable del retraso, también se hizo evidente en la merma de los espacios de publicidad, que

---

[54] "Estimadas entre 3000 y 4000 unidades el punto mínimo de tirada para obtener una edición rentable, hacia 1972 el promedio bajó a 2685 ejemplares y a mediados de 1975 se calculaba en apenas 1000 ejemplares, la tirada de menor cuantía en los últimos 35 años". Avellaneda, Andrés, "Literatura argentina, diez años en el sube y baja", en revista *Todo es Historia*, Buenos Aires, 1977.

pasaron de 11 páginas sobre 124 en el primer número a 10 sobre 160 en este segundo volumen.

Entre las modificaciones que acarrea este segundo número, se evidencia un desplazamiento en el consejo de redacción: se retira Quinteros y su lugar pasa a ocuparlo Jorge Quiroga, mientras García, Gusmán y Lamborghini permanecen inalterables en su rol de impulsores del proyecto, y Alba continúa como el editor responsable.

En esta ocasión, la revista sacrifica orden y gana en intensidad al barajar sus cartas y mezclar el anonimato de los artículos teóricos con los textos de ficción, que llevaban la firma de Susana Constante ("¿Qué hacer con ese cuerpo?"), Eduardo Miños ("Fellatio"), Ricardo Ortolá ("Palabra colmo"), Luis Gusmán ("Poses"), Edgardo Russo ("Nosotros no somos los polacos"), Héctor Libertella ("La bola de metal"), Oscar del Barco ("Golpe ciego"), Germán García ("De memoria") y Marcelo Guerra ("Caminaba, yo"). En tanto que la cuota de poesía que aporta Lamborghini con "Cantar de las gredas en los ojos" tiene la compañía célebre de Jacques Lacan con "Hiatus Irrationalis", traducido por Oscar Masotta, con lo que los literalistas logran incluir de un solo golpe a dos de los nombres más influyentes para la publicación. Mención aparte merece la colaboración del filósofo español Eugenio Trías, que conoce y se vincula al grupo de *Literal* en una visita a Buenos Aires. Su artículo "La filosofía y el drama" no sólo quiebra la regla tácita que implicaba obturar la firma de los textos teóricos, sino que es presentado con bombos y platillos por la revista como "la apertura virtual de un campo de reflexión, tan suprimida como necesaria" (L. 2/3 p.45).

Literal 4/5: La despedida

A lo largo de 1975, las dificultades políticas y económicas que habían retrasado la salida del segundo número de *Literal* crecieron hasta tomar proporciones dramáticas. El 11 de febrero, un decreto presidencial ordenaba a las Fuerzas Armadas "neutralizar y/o aniquilar el accionar de los elementos subversivos", con lo que ya anunciaba en la letra la masacre que se gestaba para unos meses más adelante. Mientras que en junio el nuevo ministro de Economía, Celestino Rodrigo, anunciaba un paquete de drásticas medidas económicas que incluían la devaluación de la moneda y fuertes ajustes, lo que a la postre se conocería con el nombre de "el Rodrigazo". A la caída del ministro siguió la de su mentor, López Rega, que en julio se marchó discretamente del país tras el fracaso de su proyecto, que no contaba con el aval de los militares; en parte porque éstos ya planificaban la toma del poder. El 23 de diciembre, el fallido intento por parte del ERP de tomar por asalto el cuartel militar Domingo Viejobueno, en Monte Chingolo, marcará el ocaso de la guerrilla, aunque su fantasma seguirá siendo agitado para ampliar el consenso de las Fuerzas Armadas. De nada servirán los intentos por salvaguardar el orden institucional, los frustrados pedidos a Isabel Martínez para que renuncie a la presidencia ni el adelantamiento de las elecciones presidenciales para diciembre del 76. El 24 de marzo, la Junta Militar perpetra el golpe de Estado e inicia una dictadura que impulsará la represión más sangrienta de la historia argentina, junto a un plan económico de corte neoliberal que fomentará la especulación y asfixiará la industria nacional.

Mientras que otras publicaciones compañeras de ruta, como *Crisis* o *Los Libros*, apenas sobrevivieron unos meses a la dictadura, *Literal*, en un caso excepcional, lanzará su último número en noviembre de 1977. Diversas cuestiones convergen para que este número se distancie de sus antecesores, que reconocían mayor afinidad en estilo y propuestas entre sí. En primer lugar, el alejamiento de Lamborghini, que en 1975 se había distanciado de García y Gusmán por motivos personales, desactivó parte del material explosivo de la revista. En segunda instancia, el cambio de editor, lugar que Horacio García (editor del sello Siglo XXI en Argentina) vino a ocupar en reemplazo de Alberto Alba. Por último, el contexto de horror cotidiano, que obligaba a cuidar sobremanera lo que se decía a riesgo de perder la vida: si en sus dos ediciones anteriores, cierto afán por "no ser entendida" puede leerse como una provocación de *Literal* al campo intelectual, ahora este recurso se transforma en estrategia de supervivencia.

Precedido por un epígrafe en latín que reza *qui de uno dicit, de altero negat* ("lo que se dice de lo uno, se niega de lo otro"), este último número vuelve a presentarse como doble: 4/5. Aunque, al igual que en el caso anterior, ese carácter sólo corresponda al afán cuantitativo. En esta oportunidad, *Literal* no presenta ninguna publicidad que facilite la financiación del proyecto, lo cual es lógico teniendo en cuenta que sus anunciantes formaban parte del circuito cultural silenciado, perseguido y expulsado por la dictadura. Una de las novedades que presenta la revista es la distribución en secciones que delimitan zonas teóricas, narrativas y críticas. De ese modo, "Los nudos, las redes" reúne textos de Jacques Lacan sobre el barroco y Oscar Masotta sobre la relación entre el lenguaje y el goce, con lo que la deuda hacia estos autores queda completamente saldada. A los ensayos de García ("La historia no es todo" y "Descontar la vida") y Gusmán ("Martínez Estrada: el olvido y el incesto") se suman los de Luis Thonis ("Iniciación al nombre") y Oscar Steimberg ("Un Borges antiguo"). La sección que le sigue, "Insistencias para leer aquí", reúne los textos narrativos y en su presentación se informa al lector sobre el suicidio de dos antiguos colaboradores: Marcelo Guerra y Horacio Romeu. Los nuevos nombres comprenden el aporte extranjero de Alberto Cardín, quien envía "The mirror staff aut trimaltionis oratio" desde Barcelona, y las colaboraciones locales de Pablo Torre ("Adios fiel Lulú"), Antonio Oviedo ("La Sala Azul"), José Palmiero ("La puerta de madera"), Aníbal Goldchuk ("Las cartas"), Luis Thonis ("Dipsalmo") y María Moreno, que aún no había adoptado este seudónimo, razón por la cual firma su relato "La asuncion" con su nombre y apellido: Cristina Forero. Entre las firmas ya conocidas por los lectores de *Literal* figuran Ricardo Ortolá ("Historia de LA"), Gusmán ("El rostro del ausente") y García ("Perdón de la palabra"). Mientras que la última sección, "Juego de exclusiones" propone un recorrido por aquellos textos literarios que fueron excluidos del circuito oficial por proponer "otro juego de lenguaje". En esta nueva sección, así como en otras partes de la revista, *Literal* se esfuerza por "producir en algún lugar virtual nuevas formas de leer" (L. 4/5 p. 169). Esa lectura propuesta reconoce la teoría lacaniana como una de sus herramientas principales. Se trata de un fino artefacto de lectura calibrado desde los inicios de la revista, hasta el punto de que García ensaya una lectura "a la letra" de la obra de un escritor proveniente de la tradición realista, como Bernardo Kordon, prestando más atención a la afinidad entre los significantes que al sentido del relato.[55] De todos

---

[55] Así, por ejemplo, en un momento puede leerse: "Villa Caraza remite a la dureza de una coraza, pero también hace aparecer una oposición de raza que se niega". O también, jugando con el nombre del autor: "¿Será necesario decir que en Codorniz se encuentra el anagrama de Kordon, la última letra del abecedario y el resto de una ´i´ que interroga el deseo mismo de escribir?" (L. 4/5 p. 81).

modos, la revista aclara explícitamente: "No hacemos aquí una reducción del discurso a las componendas de la psicología" (L. 4/5 p. 91). El mayor número de textos leídos bajo esa mirada particular de *Literal* reemplazará la significativa ausencia de los manifiestos que abundaban en los números anteriores e impulsaban una nueva corriente literaria. En esta ocasión el tono general es de despedida. La potencia propositiva se transfigura en melancolía retrospectiva, pero aun así logra contrabandear señales de alerta en medio del horror. De esta manera, el críptico artículo sobre Kordon lleva por nombre "Descontar la vida, contar [con] la muerte", y –como afirma su autor treinta años después– "valía por su título".[56] Ese discurso en clave –para poder hablar del horror indecible– ya anticipa el procedimiento que adoptarán algunas de las novelas más importantes de principios de los ochenta: *Respiración Artificial* de Ricardo Piglia y *Cuerpo velado* y *En el corazón de junio* del propio Gusmán.

Tras este último número, los caminos de los fundadores e impulsores de *Literal* se bifurcarán definitivamente. Lamborghini, ya alejado del grupo, transcurrirá sus últimos años en Barcelona, encerrado y escribiendo hasta su muerte en 1985. García partirá al exilio en 1979 y regresará en 1985. Ya definitivamente vinculado al psicoanálisis, gestionará la publicación de una de las revistas más importantes del área: *Descartes*, que continúa hasta el día de hoy. Gusmán, por su parte, permanecerá en el país y sobre el final de la dictadura promoverá el surgimiento de *Sitio*, una publicación clave en el período, que conocerá cinco números en cuatro volúmenes entre 1981 y 1985.

---

[56] García, Germán "Otro modo de hablar" en *Ñ*, 18 de marzo de 2006, p.22.

Segunda Parte

I. *Literal* y el campo intelectual

¿Qué posición ocupa *Literal* en el campo intelectual de su época? Es necesario responder esta pregunta para poder comprender los planteos, las provocaciones y las estrategias que propone la revista y ponerlas en el contexto de un espacio de relaciones complejas. Para esto es menester comenzar por una descripción del campo intelectual argentino a fines de los años sesenta. En el recorrido que traza Silvia Sigal en su investigación sobre el campo cultural argentino de los años sesenta, se recortan dos momentos característicos en la relación de los intelectuales con la política. En una primera fase se destaca el "intelectual comprometido", al que Sigal entiende por aquel que distingue entre prácticas culturales y prácticas políticas y que puede asumir una posición en el plano político que preserva la autonomía de su concepción artística. En el segundo momento –que Sigal data a partir del Cordobazo en 1969– lo que se compromete es ya la obra del intelectual, que se disuelve en el entramado de su posicionamiento político. El tercer momento se da en los setenta con la fusión de autor y obra, o directamente la disolución de ésta última en la militancia política del autor. Según Sigal, esa fase:

> que se abre a fines de la década del 60 y domina durante el primer lustro de los 70 presenta rasgos específicos y claramente diferenciables. En sus versiones más rigurosas –por así decirlo– este tercer momento fue caracterizado por una fusión entre autor y obra, y por la disolución de la identidad del intelectual, de la distancia entre pensamiento y comportamiento. Se trata de los años que implantan, también en Argentina, una idea dominante: "todo es política".[57]

---

[57] Sigal, Silvia, *Intelectuales y poder en la década del sesenta*, Buenos Aires, Puntosur, 1991. p. 249.

Podemos identificar el año 73 como el cenit de este proceso: el momento en el que las expectativas parecen colmarse con la ascensión de Cámpora al poder, y en el que esas mismas expectativas sufren un proceso de progresivo desencanto y radicalización que se vincula a la caída del camporismo y el aumento del poder ejercido por la derecha peronista, que gana posiciones a través de la figura indiscutible del general Perón.

Este proceso de creciente interrelación del campo cultural con el campo político estuvo jalonado por algunos acontecimientos claves, entre los cuales se destaca, a nivel latinoamericano, la revolución cubana de 1959, que convertiría a la Habana en "la Roma antillana", como la define Tulio Halperín Donghi. Un polo desde donde se irradiará la nueva figura de intelectual militante, comprometido con la causa latinoamericana y que experimentará su momento más crítico en 1971 con el "Caso Padilla", la "autocrítica" realizada tras su arresto por el poeta Heberto Padilla, que dividió las aguas entre los intelectuales latinoamericanos y los obligó a expedirse a favor o en contra del régimen cubano.[58] A nivel nacional resultan claves dos acontecimientos: el golpe de Estado de 1966 a cargo del General Onganía, sin el cual, según la hipótesis de Oscar Terán, "el campo intelectual podría haber resistido las posteriores e inmoderadas invasiones de la política que terminaron por desdibujar la figura misma del intelectual"[59]; y el Cordobazo, rebelión que sumó a estudiantes, obreros e intelectuales combatiendo hombro a hombro contra las fuerzas represivas en las calles cordobesas, y que puso en jaque al gobierno de Onganía. En un contexto de intelectuales con muy baja institucionalización y pocos vínculos con las estructuras del Estado, esto derivó en un proyecto revolucionario cuya adhesión llegó al extremo de poner en cuestión la misma práctica inherente que los definía como tales. De aquí otro fenómeno característico de la época: el antiintelectualismo, que como afirma Claudia Gilman se trata de "una de las

---

[58] Claudia Gilman afirma al respecto: "Con el caso Padilla la luna de miel entre la mayoría de los escritores-intelectuales y la Revolución Cubana entró en un punto crítico. De allí en más, la familia latinoamericana quedaría partida entre quienes apoyaban a la revolución (…) y quienes retomaban, con ahínco y deliberación , la tradición intelectual sustentada en el ideal crítico". Gilman, op. cit. p. 249.

[59] Terán, Oscar, op. cit. p. 179.

predisposiciones de los intelectuales en momentos particularmente agitados de la historia, cuando la apuesta por la acción adquiere más valor que la confianza en la palabra y cualquier otro tipo de práctica simbólica"[60].

A grosso modo, contamos entonces, con algunas de las características fundamentales del campo intelectual argentino a principios de los setenta: pérdida de legitimidad de las mediaciones simbólicas características de la práctica intelectual; compromiso político de los intelectuales, que en muchos casos deviene militancia en agrupaciones políticas e incluso en la lucha armada; posicionamiento político como dato fundamental del campo cultural, por sobre las elecciones estéticas, y preocupación por la eficacia política de los productos culturales, que acrecientan su valor en la medida en que demuestran su utilidad en la "lucha revolucionaria". En suma, la política como principal fuente de sentido de las prácticas culturales y horizonte que guía los intereses y define las estrategias en el campo cultural, cuya autonomía, por ende, aparece seriamente amenazada. Es en este contexto en el que irrumpirá *Literal* "en una tenaz controversia con la época", como afirma retrospectivamente uno de sus miembros, Jorge Quiroga.

----

[60] Gilman, Claudia, op. cit. p. 164.

II. Autonomía del campo literario

"La literatura es posible porque la realidad es imposible". Esta frase contundente abre el primer número de *Literal* y condensa varias de las estrategias que se irán desarrollando a lo largo del tiempo. En primer lugar, identifica un lugar para la literatura que la aparta de la función política de "dar cuenta de lo real" y, más precisamente, de una realidad injusta que es preciso subvertir. Como afirma Alberto Giordano sobre la misma sentencia: "La imposibilidad de la realidad (su irrepresentabilidad) es la condición de posibilidad de la literatura en tanto esta ya no pretende representarla, sino responder activamente a la imposibilidad de hacerlo, es decir, experimentar esa imposibilidad por la insistencia en una búsqueda que no se conforma con las versiones consabidas acerca de lo que es la realidad".[61]

En segundo lugar, la frase deja clara la raigambre lacaniana de la sentencia, tanto por su seguridad en una afirmación que sabe resonará con los ecos de la polémica[62] como por el juego con la categoría de lo real, que según lo postulado por Lacan no puede ser representado en el lenguaje[63]. En resumen: desvincular a la literatura de una utilidad política y hacerlo a partir de la novedad de leerla e interpretar su práctica a partir de la teoría psicoanalítica lacaniana y las tesis del postestructuralismo.

Según lo que pudimos observar en la mirada retrospectiva al clima cultural de la época, en el campo intelectual se adjudicaba una suma

---

[61] Giordano, Alberto, op cit. pp. 64-65.

[62] Se podría pensar en algunas frases célebres del psicoanalista francés, como "La palabra verdadera se opone al discurso verdadero" o "El orden del símbolo no se constituye por el hombre sino que lo constituye". Citados en Albano, Sergio, *Glosario de términos lacanianos*, Buenos Aires, Quadrata, 2005.

[63] "La imposibilidad es lo que no cesa de escribirse", op. cit.

importancia al valor testimonial de la literatura. Este procedimiento llegaba hasta el punto de impugnar la misma práctica literaria en aras de otras formas más eficientes a estos fines, como el periodismo. Pues bien, el párrafo que sigue a la primera frase de *Literal* anuncia: "La información en un texto es un beneficio secundario que no justifica la existencia de una escritura literaria. A diferencia de una ´noticia´, la verdad de un texto no puede someterse a una prueba de realidad". (L. 1 p.5). Más adelante se amplían los argumentos: *"La noticia es una cama donde cualquiera puede acostarse sin que se le mueva el piso. […] Se entiende que alguien sea periodista porque hay diarios que pagan la función, hay ruinas cotidianas y reuniones de ministros. No se entiende que alguien escriba unas palabras no demandadas por nadie, cuyo valor es siempre dudoso a priori aunque pueda resaltarse a posteriori"* (L. 1 p.5, itálicas en el original). Por lo tanto, es evidente el notorio esfuerzo por demarcar los límites entre el periodismo y la literatura, "cuyo valor es siempre dudoso a priori", y que no adquiere su valía en una "utilidad" que implique ser soporte de una carga informativa de potencial revolucionario. *Literal* impugna la práctica literaria al servicio de fines políticos, y afirma: "Con la literatura las cosas se complican. No basta con estar primero con las últimas noticias, hay que superar la tautología que determina que sólo aquellos que hacen de la denuncia un hecho estético afirmen luego que la estética es una forma de denuncia" (L. 1. p.8). La estética para *Literal* consistirá en "la asunción jubilosa de una ética. Pero a diferencia de la ética –que se pregunta por las relaciones sociales entre cosas y las relaciones materiales entre personas– la estética se pregunta por el valor de goce que se produce al realizarse un intercambio específico de mensajes" (L. 1 p.11). Se destacará, asimismo, la escena de la práctica literaria como un acto de soledad donde el escritor se entrega al goce de la palabra por sobre su responsabilidad ante otras instancias. Un goce solitario que no sólo se hace cargo de la acusación de onanismo, sino que invierte la carga de la prueba para ponerla a su favor: " 'Masturbación (intelectual)' se dice como si alguien pudiese masturbarse por lo que tiene la realidad, en vez de hacerlo por lo que en realidad le falta" (L.1 p.6). La escritura es, de este modo: "Esa práctica compulsiva, siempre cercana a los fantasmas de la masturbación; según el tópico que asegura una relación íntima entre este placer solitario y el goce de escribir. El periodista que cambia un sueldo por palabras que remiten a una realidad reconocida por otros, pareciera no haberse masturbado nunca" (L. 1 p.7).

Recapitulando, *Literal* se propone trazar límites claros entre el periodismo y la literatura, y liberar a ésta última del trabajo de trasmitir información en virtud de una utilidad determinada a partir de la reivindicación del valor de goce, tanto a nivel de la producción como de la recepción, cual auténtica ética de la práctica literaria. Entendemos que este esfuerzo está destinado a preservar la autonomía del campo literario, amenazado por las urgentes demandas de la política, y promueve nuevos parámetros para medir el valor de la literatura: el goce, la experimentación con el lenguaje y la novedad, por sobre la responsabilidad política, la eficacia en el mensaje y la transmisión de un referente de carácter revolucionario. Se trata, a fin de cuentas, de proponer, en lugar de una literatura política, una política de la literatura.

III. Populismo y realismo:
los "enemigos" de *Literal*

Desde su primer número, *Literal* definirá con claridad los antagonistas, en cuyo contraste elaborará su propia imagen y contra los que disparará su munición más gruesa: el realismo y el populismo. El realismo representa la poética hegemónica en el campo literario[64], aquella que aporta mayor capital simbólico a quienes la practican por ser la que mejor puede cumplir con su misión política, al denunciar las injusticias del orden establecido. Los ataques al realismo desde las páginas de la revista se multiplican y conforman, en su conjunto, una crítica implacable. Se lo objeta desde una óptica estructuralista: "Cuando el lenguaje enseña sobre la realidad, la constituye: el continuo real es organizado por la discontinuidad del código. Todo realismo mata la palabra subordinando el código al referente, pontificando sobre la supremacía de lo real, moralizando sobre la banalidad del deseo" (L. 1. p.6). Desde una visión de vanguardia, identificándolo con el pasado que debe ser superado: "La flexión literaria del realismo se propuso como una nueva redistribución de los géneros y los discursos y abrió un campo, pero es necesario reconocer que su función actual es de obstáculo" (L. 2/3 p.10). Sin embar-

---

[64] En su resumen sobre el decenio 67-77, Nicolás Avellaneda escribe que los narradores de la nueva generación "desconfiaron de la literatura ante la presión de los hechos político-sociales y tendieron a subordinar o a transformar su expresión en una búsqueda de síntesis entre la historia y la Historia, entre la ficción (la literatura) y la "realidad" (el referente). El pico de esta actitud puede ubicarse hacia 1970-1973". Avellaneda, Nicolás, "Literatura argentina, diez años en el sube y baja" en *Todo es historia*, Nro. 120.

go, aunque a primera vista resulte paradójico, se objeta sobre todo aquello por lo cual el realismo se inviste de valor en el campo literario. Es decir, su eficacia política, dado que: "no hace falta el realismo para transformar la realidad, las apelaciones transliterarias que este género utiliza para justificar su insistencia sólo pueden tener un valor de coartada" (L. 2/3 p.10). Con lógica implacable, *Literal* señala la contradicción en la que el realismo incurre al denunciar una injusticia que: "paradójicamente reproduce en la represión que instaura sobre el lenguaje mismo" (L. 1 p.7). Con esto se trata de poner sobre relieve el hecho de que conservar el realismo como poética de la literatura revolucionaria es equivalente a tomar el poder y dejar intactas las estructuras burocráticas de la maquinaria estatal. Una auténtica literatura revolucionaria, en la concepción de la revista, debería comenzar por revolucionar el lenguaje como estructura de dominación: "La negativa a aceptar como preceptiva literaria la que postulan quienes han convertido en destino su propio fracaso en lograr equivalencias, se funda en la convicción de que el delirio realista de duplicar el mundo mantiene una estrecha relación con el deseo de someterse a un orden claro y transparente donde quedaría suprimida la ambigüedad del lenguaje; su sobreabundancia, mejor dicho" (L. 2/3 p. 148). El realismo se ampara en la coartada de las intenciones, se justifica en una "teología del sentido" que niega el goce inherente a la práctica literaria. Se tratará, en la propuesta de *Literal*, de hacer fallar la instrumentalidad del lenguaje, porque es en esa falla en la cual el lenguaje, como el ojo, se hace visible y deja de entregar una cierta imagen que una pretensión ideológica identifica como fiel reflejo de lo real. En definitiva, una forma, de apartarse de "la cadena de montaje de las ideologías reinantes" (L. 1 p. 13).

La otra tendencia imperante en el campo intelectual que recibe los embates de *Literal* es el populismo. El contingente de intelectuales populistas, en palabras de Beatriz Sarlo: "Analiza la cultura popular y la industria cultural desde perspectivas no semiológicas; las presenta en su emergencia histórica y las teoriza como portadoras de una cultura popular-nacional que las élites, tanto como la izquierda, habrían pasado por alto".[65] El populismo centra su interés en productos

---

[65] Sarlo, Beatriz, *La batalla de las ideas (1943-1973)*, Buenos Aires, ed. Ariel, 2001, p. 99.

típicos de la cultura popular nacional como el folletín, la gauchesca, el periodismo, el cine nacional y las letras de tango.[66] Este corpus de análisis rescata objetos de estudio que habían sido apropiados en la década del 60 por la semiología o la estética pop, para someterlos a una relectura política que permita identificar en ellos "la voz del pueblo". Podría tratarse, en última instancia, de una lectura peronista de la cultura popular. *Crisis*, la revista fundada en mayo de 1973 por Federico Vogelius y dirigida por Eduardo Galeano, es la publicación que mejor expresa esta tendencia. El populismo también busca una identificación con las luchas y el sufrimiento del proletariado, de la que espera el surgimiento de una nueva forma de cultura.[67] Identificación que no tiene que ver sólo con el contenido sino también con la forma. Se ensayan estrategias para acercar la cultura de élite a las clases populares a través de un lenguaje simple, transparente, comprensible, de fácil acceso y lectura.[68] *Literal* ataca al populismo

---

[66] Se puede mencionar, a modo de ejemplo, que en su edición de noviembre de 1973, contemporánea al primer número de *Literal*, la influyente revista *Crisis* dedicaba su portada al tango con el siguiente título: "Tango: ¿una cultura condenada al exilio? Poesía popular del yrigoyenismo al peronismo". Y anunciaba artículos a cargo de Aníbal Ford, Jorge Rivera y Blas Matamoro.

[67] Acerca del período, anota Beatriz Sarlo: "Populismo, acercamiento radicalizado al peronismo, revolución cubana y revolución cultural china proporcionan las líneas de este nuevo pliegue de la discusión. No se trata ni del compromiso ni de la rebeldía, ya que el compromiso deja a los intelectuales en su lugar de clase originario y la rebeldía denuncia su origen pequeñoburgués. Se trata más bien del reconocimiento de una dirección general de lo social a cargo del proletariado -o, eventualmente, del Pueblo, en el caso de los nacionalismos radicalizados- que, en sus luchas políticas, produce nuevas formas de cultura". Sarlo, Beatriz. Op cit. p. 104.

[68] En 1970, Rodolfo Walsh se plantea en su diario una "Teoría general de la novela", donde se propone: "Ser absolutamente diáfano. Renunciar a todas las cancanchereadas, elipsis, guiñadas a los entendidos o los contemporáneos. Confiar mucho menos en aquella famosa ´aventura del lenguaje´. Escribir para todos, confiar en lo que tengo para decir, dando por descontado un mínimo de artesanía". Mientras que al año siguiente escribe: "No puedo o no quiero volver a escribir para un limitado público de críticos y de snobs. Quiero volver a escribir ficción, pero una ficción que incorpore la experiencia política y todas las otras experiencias". Walsh, Rodolfo, op. cit. pp. 150, 178.

por entender que en toda representación de una clase por otra hay una violencia implícita, que Osvaldo Lamborghini hace explícita en el relato "El niño proletario",[69] y que Germán García teoriza como ataque al populismo en el artículo crítico que escribe en *Literal* sobre *Sebregondi Retrocede*: "Escribir en el cuerpo del niño proletario la historia de una venganza ´familiar´ (después de quemar la letra impresa de sus diarios) es desenmascarar la idealización de una clase por otra, donde la obsesión de compromiso es correlativa de la negación de una separación insoportable" (L. 2/3 p. 30). Además, *Literal* impugna al populismo desde la misma categoría de pueblo, por entender que es falsa la representación que en el campo intelectual se hace de los consumos, estrategias y prácticas culturales populares. Así, en el afiche-presentación de la revista se proclama: "Porque no hay propiedad privada del lenguaje, es literatura aquello que un pueblo quiere gozar y producir como literatura. La insistencia de ciertos juegos de palabras es literatura, como lo comprende cualquiera que sepa escuchar un chiste".[70] Esta apelación al chiste como goce popular con los juegos de lenguaje se repite en varias oportunidades a lo largo de la revista. Para *Literal*, las estrategias lingüísticas puestas en juego por las clases populares son mucho más complejas de lo que el campo intelectual supone. Así:

> Una empobrecida "interpretación" de las mayorías silenciosas –y populares– dice que el pueblo –es decir, los buenos– sólo usa el lenguaje para pedir aumento de sueldo (de nada vale que se diga que la gente no escribe una carta de la misma manera que habla en el café, no se dirige a una mujer de la misma manera que a un amigo, no se prohíbe gozar un chiste o un juego de palabras, [...] Una ideología anti-intelectual toma como cabeza de turco a unos pobres muertos de frío, mientras las vindicaciones "populares" usan complejas máquinas de difusión para imponer su interpretación de la verdadera realidad (L. 2/3 pp. 13-14).

---

[69] Lamborghini, Osvaldo, *Novelas y Cuentos I*, Buenos Aires, ed. Sudamericana, 2003, pp 56-62.

[70] "Un cartel invade las calles de Buenos Aires" en *Literal 1973-1977*, Buenos Aires, Santiago Arcos editor, 2002.

Este aparato argumentativo apunta a legitimar, desde la misma categoría de lo popular, las "aventuras del lenguaje" que emprende la literatura de vanguardia propuesta en las páginas de la revista; pero no se trata sólo de estrategias de argumentación. Una somera revisión de las obras que produjo el núcleo fundador de *Literal* demuestra que había un interés real en el trabajo con materiales provenientes de la cultura popular, como los giros idiomáticos de la gauchesca o las consignas políticas enunciadas en las manifestaciones, en el caso de Lamborghini, o el tango, la curandería y el espiritismo en Gusmán[71], donde estos discursos se ponen en juego al mismo nivel que otros propios del campo intelectual, pero sometidos a un trabajo de tensión extrema con respecto a las formas del lenguaje convencional. *Literal* también apela a esta característica, pero a través de la obra de otro escritor muy cercano al grupo: Ricardo Zelarayán, de quien se dirá que "el poema ´Un sueño de día´, trabajado en la evocación de un coro de voces populares, es un verdadero enigma para 'populistas'" (L. 1 p.57).

De este modo, la revista asienta su propuesta y afirma su posición a través del ataque en conjunto a las dos tendencias hegemónicas en el campo intelectual al asumir: "Que el realismo y el populismo converjan en la actualidad para formar juntos el bricolage testimonial, es solo el efecto de una desorientación que ya conoce su horizonte, es decir, sus límites y sus fracasos" (L. 2/3 p.14). Sin embargo, es preciso señalar que *Literal* nunca se toma el trabajo de asociar estas tendencias a los nombres propios de quienes las ponen en práctica[72]. Se alude generalmente al amplio arco que va "de los diarios a los libros, pasando por las revistas"[73] sin dejar en claro de qué diarios, libros y revistas se está hablando. Este silencio puede deberse a la existencia de un campo tan polarizado en sus posiciones, que no precisa una identificación particular de uno de sus protagonistas para una práctica generalizada en la que todos ellos están inmersos, pero también puede

---

[71] Ver Lamborghini, Osvaldo, *El Fiord* Op. cit. pp. 9-25 y Gusmán, Luis, *El Frasquito*, Alfaguara, Buenos Aires, 1996.

[72] La única publicación de la que se hace mención explícita en los números 1 y 2/3 es, significativamente, el popular semanario *Siete Días*, que "niega *El Fiord* y exalta, en la misma página, *Cuentos para leer sin Rimmel*" (Poldy Bird). Literal 2/3 p. 23.

[73] Op. Cit.

implicar una estrategia en la que la virulencia del ataque pueda operar sin obturar posibilidades de inserción para quienes llevan adelante la revista. Estos disparos con cartuchos de perdigones atentarán contra la "caza mayor" y explican, en parte, la escasa altura de la polémica y los adversarios con los que discutirá *Literal* desde sus páginas.

Otro aspecto fundamental a tener en cuenta es que los argumentos principales para objetar el realismo y el populismo provienen de los intereses intrínsecos del mismo campo intelectual, es decir, poner en cuestión la eficacia revolucionaria del discurso realista y la catadura "popular" de la literatura populista. Es importante señalar que *Literal* no los impugna en nombre de otros valores ajenos a la consideración del campo, como la calidad literaria, la experimentación o la sensibilidad, sino que opera con las mismas categorías del campo en el que se inserta. No podría entenderse de otro modo que en cierto momento la revista proponga que asumir el compromiso equivale a pactar un trato con la escritura burguesa de los medios de información (L. 2/3 p. 147). De ahí que su operación tenga un valor plenamente actual en el contexto donde actúa, y no apele simplemente a la gratificación diferida que identifica a toda vanguardia.[74] El rechazo al realismo y al populismo no se realiza en nombre de una actitud reaccionaria, sino en función de las mismas virtudes que estos discursos reivindican para sí. Esto tiene un doble valor: por un lado permite apelar a los mismos interlocutores y no sólo cifrar las esperanzas en la creación de un nuevo público, y por otro es una fuerte apuesta en pos de garantizar la autonomía de la literatura, amenazada por la exacerbación de las posturas del realismo y el populismo, impulsadas por la tendencia antiintelectualista que se impone en ese momento. Sí, como afirma Gilman, en esta etapa: "es la ausencia misma de función de la literatura lo que el antiintelectualismo postula, puesto que entiende como función exclusiva la función revolucionaria."[75], entonces lo que propone

---

[74] "Los propiciadores del arte por el arte, obligados a producirse de alguna manera su propio mercado, están destinados a una remuneración diferida, a diferencia de los ´artistas burgueses´ que pueden contar con un mercado inmediato". Bourdieu, Pierre, "Campo de poder, campo intelectual y habitus de clase", en *Campo del poder y campo intelectual*, Folios ediciones, Buenos Aires, 1983. p.31.

[75] Gilman, Claudia. Op. Cit. p. 179.

Literal es una revalorización de la literatura en su función intrínseca y su potencial; menos para crear un lenguaje revolucionario que para revolucionar un lenguaje de dominación, menos para reflejar una cultura popular idealizada que para hacer jugar sus giros y sus prácticas en la lógica intrínseca del campo intelectual. En definitiva: una defensa de la autonomía del campo intelectual cuando este parece cercano a disolverse en las arenas movedizas de la práctica política.

IV. Instancias de legitimación

¿En qué medida *Literal* discute las instancias de legitimación y los mecanismos de consagración en el campo literario? Si bien una mirada atenta revela ataques aislados al mercado, la difusión en los medios masivos o la crítica literaria, no se observa una impugnación sistemática de estas instancias ni una propuesta de nuevas formas de consagración.[76] Tal vez influya el hecho de que a los creadores de la revista no les había dado la espalda el mercado (*Nanina*, la primera novela de Germán García había resultado un auténtico best seller y *El frasquito* había agotado varias ediciones) ni los medios masivos (como hemos visto en el caso del semanario Panorama y el suplemento cultural del diario *Clarín*) ni la crítica literaria (que saludó con entusiasmo la producción del grupo). Tal como sucede con el realismo y el populismo, *Literal* nunca identifica en sus ataques a un nombre en particular, sino que, cuando interpela a estos contendientes, habla en general de los medios masivos o de la crítica.

También es cierto que, dadas las circunstancias en las que la revista tuvo lugar, su apuesta principal puede considerarse como un intento de legitimar "per se" la práctica literaria sin que ésta se vea subordinada al campo político. Se trata, en definitiva, de instalarse en el espacio de una tensión no resuelta y hacerse cargo de esa inestabilidad.

---

[76] Así, en el texto que precede un fragmento de la novela *Cuerpo sin armazón*, puede leerse: "*Cuerpo sin armazón* de Oscar Steimberg, editado hace tres años, reprimido en y por el parloteo de los medios masivos", *Literal I* pp. 105-106. Acerca de la crítica: "La crítica escribió una novela tediosa y actancial, temerosa de caer siempre en desrigor o de ser sorprendida con las manos en la masa de la complacencia autoerótica" Op. cit. p. 121.

Al mismo tiempo, la revista dedica casi la mitad de sus páginas a publicar textos de ficción, y en este sentido se podría pensar que se postula como un espacio de consagración horizontal, mecanismo que se repite en los textos ensayísticos, que se citan mutuamente, o en las lecturas críticas sobre autores afines al grupo, como Ricardo Zelarayán, o integrantes de él, como Osvaldo Lamborghini. En el último número esta operación se independiza y cobra el carácter de una sección llamada, no casualmente, "juego de exclusiones". En el texto que precede las lecturas de cuatro títulos publicados entre 1967 y 1975[77] se informa que: "los textos evocados por los comentarios siguientes fueron excluidos. Se puede encontrar una explicación en cada caso, pero importa subrayar el juego de lenguaje que ellos producen por el denominador común de la exclusión" (L. 4/5 p. 169.). Es decir, importa menos el motivo que el hecho de estar excluidos, rasgo que los identifica y les permite figurar en las páginas de la revista.

De aquí podemos inferir que *Literal* no impulsa un rechazo frontal de los mecanismos de consagración en el campo literario, en parte porque sus integrantes habían pertenecido a ese circuito y no se trataba de un grupo de *outsiders*, en parte también porque esos mismos circuitos parecen puestos en suspenso y amenazados por la pérdida de autonomía del campo intelectual. Asimismo, y tal vez en virtud de ese capital acumulado por sus fundadores, *Literal* se propone como espacio de apertura de un sector de la producción literaria argentina excluido de esos circuitos oficiales, al que promueve en sus páginas y al que ofrece los beneficios de la consagración entre pares, característica de los movimientos de vanguardia.

---

[77] Se trata de *Kincón* de Miguel Briante, *Terrazajaula* de Diana Machiavello, *Tirapiedras* de Daniel Ortiz, y *Mirado* de Albo Valetta.

V. Una lectura política

A partir de sus propuestas en pos de una autonomía del campo intelectual y una vanguardia literaria que no se asociara a una vanguardia política, se podría pensar que *Literal* eludiría una toma de posición explícita en el campo político. Si bien es cierto que la revista no se identifica con ninguna tendencia en el amplio arco de la izquierda (y tampoco, como ya hemos visto, adopta una postura reaccionaria de derecha para reivindicar la creación literaria), no se priva de realizar una particular lectura del momento político que en cierta forma define su posición al respecto. Hablamos, más específicamente, del "Documento *Literal*" del primer número: "El matrimonio entre la utopía y el poder". El hecho de que se trate de un único texto y que sus tesis no se retomen en otros artículos de la revista no es un dato menor, pero también es cierto que se inserta en el único espacio que la revista designa como una sección particular[78] y que el primer párrafo del artículo es reproducido en la portada como carta de presentación ante los lectores, por lo que consideramos que su importancia no puede ser soslayada. Esas primeras líneas que se duplican en la tapa anuncian: "Toda política de la felicidad instaura la alienación que intenta superar. Toda propuesta de un objeto para la carencia no hace más que subrayar lo inadecuado de la respuesta a la pregunta que se intenta aplastar. No se trata del Hombre,

---

[78] En el índice del primer número se puede leer "Documento Literal" destacado en negrita , y a continuación el título del texto. En el segundo número el Documento Literal consistirá en una fuerte intervención en el área de la institución psicoanalítica, mientras que en el último envío de la revista, dividido por secciones, esta "protosección" desaparece como tal.

ese espantapájaros creado por el liberalismo humanista del siglo pasado: lo que se discute son sus intercambios" (L. 1 p. 35).

El párrafo, con la carga polémica y la fuerza impugnadora que caracterizan a la revista, ya anticipa su matriz de análisis: la teoría lacaniana. Ese será el lente principal a través del cual se echará una mirada atenta a la coyuntura política para revelar las estrategias de poder del peronismo que el campo intelectual, en su afán por seguir el atajo de la "voluntad popular", parece ignorar o al menos pasar por alto. La discusión con el peronismo se inicia sin preámbulos desde el epígrafe, que le sale al paso al famoso axioma peronista que declara "la única verdad es la realidad". Pues bien, para *Literal*: "Cualquiera se adapta a la realidad, a la verdad siempre se la reprime" (L. 1 p. 35). En el artículo, Perón (al que nunca se menciona explícitamente) es llamado "el portagrama", aquel que acumula el capital moral (podríamos leer: simbólico) de un conjunto de representaciones colectivas disponibles (que podríamos asociar al imaginario del peronismo), para transformarlo en capital político. Esta lectura de la figura de Perón se asocia a la que años después Ernesto Laclau denominará "significante vacío". En esta conceptualización, "todo lenguaje y toda sociedad se constituyen como represión de la conciencia de la imposibilidad que los penetra"[79]. En este marco, un significante vacío –es decir, un significante sin significado– opera como representación de esa imposibilidad constituyente[80] (tanto del lenguaje como de la sociedad). Para *Literal*:

> Si el portagrama, el conductor, puede significarlo todo es porque la carencia que su presencia cubre, la diferencia que su palabra niega manifestándose en ella, es insoportable. Mientras sea necesario imaginar la completud, la unidad, el orden, alguien llenará el hueco para que la ilusión se

---

[79] Laclau, Ernesto y Mouffe, Chantal, *Hegemonía y estrategia socialista*, Buenos Aires, Siglo XXI, 1987, p.145.

[80] "Puede haber significantes vacíos dentro del campo de la significación porque todo sistema significativo está estructurado en torno a un lugar vacío que resulta de la imposibilidad de producir un objeto que es, sin embargo, requerido por la sistematicidad del sistema". Laclau, Ernesto, "¿Por qué los significantes vacíos son importantes para la política?" en *Emancipación y diferencia*, Buenos Aires, Ariel, 1996, p.76.

cumpla. (…) Soñar con la restitución de un Orden perdido que sigue operando en las palabras como referencia mítica es reprimir lo posible en nombre de lo real. La sociedad, dispuesta a restituir todo a cualquier precio, se aprisiona en la utopía de un equilibrio imposible, de una causa, de un centro, de un origen que sólo existe en el inconsciente y en el lenguaje (L. 1 p.40-41).

En la conceptualización de Laclau, la creación de un significante vacío es una operación hegemónica,[81] porque permite a un sector de la sociedad condensar y representar las demandas y los anhelos de sectores mucho más amplios. Esta operación es la que advierte y denuncia *Literal*, a la vez que se opone e incluso toma en sorna ciertas lecturas simplistas o ingenuas del campo intelectual, como la diferencia entre "tácticas y estrategias"[82] para dar cuenta de las jugadas políticas o la "teoría del cerco", muy en boga en ese momento, que para explicar el giro a la derecha de Perón lo imaginaba rodeado y manipulado por esa facción del peronismo ("los traidores") que impedían su contacto directo con el pueblo. A esto *Literal* repone:

"Hoy por hoy, la sobreabundancia de razonamientos chuecos se ha convertido en fuerza material. Al avance masivo de la ideología monopólica, jerárquica y represiva se le opone una artillería de porcelana cuya base teórica es una especulación infinita y laberíntica acerca de la negra maldad de los traidores que (he aquí el gran descubrimiento) impiden el triunfo de los buenos. O de cómo los buenos quieren el bien pero los malos los cercan y los obligan a hacer el mal" (L 1 p. 45).

En definitiva, no se trata de que los miembros de *Literal* se propusieran renovar la metodología de las ciencias políticas, pero tampoco

---

[81] "Esta relación por la que un contenido particular pasa a ser el significante de la plenitud comunitaria ausente es exactamente lo que llamamos *relación hegemónica*. La presencia de significantes vacíos –en el sentido en que los hemos definido– es la condición misma de la hegemonía". Laclau, Ernesto, Op. Cit. p. 82.

[82] "Los mismos grupos que podrían oponerse al proyecto se han mutilado con el cuento de la realidad, la eficacia y la táctica" L. 1 p. 44.

es mera casualidad su similitud con los planteos de Laclau, puesto que éste ha reconocido en la teoría lacaniana una de sus principales influencias. En este artículo no sólo se hace explícita una lectura de la situación política, sino que también se condensan los procedimientos de la vanguardia. Ya se mencionó que el texto fue compuesto entre García, Lamborghini y Gusmán, escribiendo cada uno el fragmento del otro, probablemente tras la participación fallida de los dos primeros en el Ministerio de Cultura de la Provincia de Buenos Aires. Se trata, además, del único artículo que lleva fecha de julio de 1973, no casualmente, el mes en que Cámpora renunció a la presidencia. Además, el carácter explícitamente político no impone un cambio de tono. Todo lo contrario, en el texto abundan los juegos de palabras, las ironías, los paralelismos y otros recursos retóricos que, lejos del *nonsense*, potencian la carga argumentativa del artículo y le permiten deslizar comentarios que dichos de otra manera resultarían peligrosos. Por ejemplo, la alusión a López Rega el *brujo*, a la cabeza del Ministerio de Bienestar, a quien se alude en la frase: "Debemos creer en la eficacia simbólica de las palabras: los técnicos del bien/estar, aunque el embrujo del lenguaje lo niegue, viven del mal/estar" (L 1 p. 36). Pero por sobre todo, en este "Documento *Literal*" se puede leer en forma ejemplar de qué modo capitaliza *Literal* su arsenal teórico: no se trata de lo nuevo por lo nuevo porque, de hecho, el rol de héroe modernizador le corresponde a Oscar Masotta. Ahora son ellos quienes convierten la novedad teórica en herramienta de lectura, pero no sólo de la literatura, sino también de la situación política, y en esto radica su capital simbólico y su principal lógica de diferenciación dentro del campo intelectual. Aplicar esta herramienta teórica les permite identificar a Perón como un significante vacío que condensa los anhelos de restitución hacia un pasado imposible, un paraíso "que sólo es tal al precio de estar perdido" (L. 1 p. 41). También permite producir, parafraseando la VII tesis sobre el concepto de "historia" de Benjamin, "una lectura a contrapelo" del presente, alertando sobre los peligros intrínsecos de esa operación en la que: "la reacción del poder será fundirse en la utopía para producir desde ningún lugar la represión de todos los lugares posibles. La búsqueda de un Orden imposible conduce al caos del que se quiere escapar" (L. 1 p. 42).

Se trata, en suma, de hacer un uso de los paradigmas teóricos en función de una herramienta de lectura que les permite comprender la situación política de una forma original y diferenciarse en el campo intelectual. El resultado no es el desdén ni el cinismo, sino una fría lucidez sumada a un triste don profético:

> Ay, sin embargo, ¿quién pagará el costo de la búsqueda de esas astillas siempre faltantes al objeto, objeto irrecuperablemente perdido? ¿Quién, quiénes serán responsabilizados de que no emerja en lo real, con todas sus redondeces de antaño, cálidas y protectoras? Antaño, es decir –con toda esta bizarría y rareza– cuando nunca, cuando tampoco estuvo. Algo podemos saber desde ahora. Responsabilizados serán quienes propongan un corte. El señalamiento de cualquier "no dicho" en un discurso que cree poseer y controlar la totalidad de sus significaciones posibles, producirá la conversión de la falta en agresividad; el otro se volverá el doble insoportable (L. 1 p.46).

VI. Debates, discusiones, polémicas

Si se toma en cuenta la posición que defiende *Literal* y las estrategias de enunciación que la sostienen, sería de esperar que a su primer número le hubiera correspondido una fuerte respuesta de los sectores del campo intelectual aludidos. Sin embargo, a pesar de sembrar por todas partes polémicas y provocaciones, *Literal* no cosecha mucho más que notorios silencios. Esto se hace más que evidente en dos de las revistas culturales más importantes del momento: *Crisis* y *Los Libros*. La indiferencia llega a tal punto que, a pesar de que ambas revistas anunciaban en sus espacios de publicidad la aparición de *Literal*[83] (lo que de algún modo permite imaginar que compartían un público), no la incluyeron en su índice mensual de publicaciones. El mismo silencio se repitió frente a los ataques que desde las páginas de *Literal* se lanzaban al realismo, al populismo y a la concepción de la literatura como herramienta en la lucha revolucionaria. Incluso cuando en *Los Libros* se rozó el espacio de *Literal* hubo una intención explícita de tomar distancia cautelosamente. Así, en un artículo de enero-febrero de 1976 de Beatriz Sarlo: "Saer-Tizón-Conti: 3 novelas argentinas", la ensayista afirmaba que el éxito de Enrique Medina tenía que ver con el carácter "escandaloso" de ciertos tramos del texto y con una inclinación por la escatología común con Jorge Asís y la primera novela de Luis Gusmán. Al nombre de Gusmán seguía una nota al pie que aclaraba: "Los dos textos publicados de Gusmán, *El frasquito* y *Brillos*, plantean un proyecto diferente que esta nota no se

---

[83] *Los Libros* Nro. 32, p. 27 y *Crisis* Nro. 8 p. 69 y *Crisis* Nro. 9 p. 44. *(Literal I)* y *Crisis* Nro. 28 *(Literal 2/3).*

propone abordar".[84] Podríamos agregar que lo que cabe para la nota se puede ampliar a toda la revista en esta etapa.

Quizá se podría adjudicar esta ausencia del debate al hecho de que había fuertes conexiones entre las dos revistas: Ricardo Piglia, uno de los directores de *Los Libros*, había escrito el prólogo de *El frasquito* y el mismo Germán García había formado parte del comité editor antes de retirarse para armar el proyecto de *Literal*[85]. Por otra parte, *Los Libros* prestaba cada vez menos atención a la literatura, hasta el punto de que el artículo de Sarlo tiene un carácter insular en un número, que prometía desde su índice informes sobre la industria petroquímica[86] y la empresa multinacional Cargill, el capítulo IV de *La verdad concreta* del filósofo chino maoísta Thchang En-Tsé y un "Informe sobre Portugal", que en su primer párrafo anunciaba: "El proceso portugués ratifica las tesis del marxismo-leninismo y las de Mao Tse-Tung sobre la actual situación mundial".[87]

Crisis, en cambio, conservó cierta especificidad en el campo cultural y tuvo dos contactos directos, si no con *Literal*, al menos con quienes la llevaban adelante. Nos referimos más específicamente a los textos de ficción de García, Gusmán y Lamborghini que *Crisis* publicó en sus páginas. Los dos primeros fueron tomados en cuenta para la serie "Trece narradores jóvenes" aparecida en el número 10, de febrero de 1974, donde compartieron el espacio con otros compañeros de generación como Jorge Asís, Ricardo Piglia, Juan Martini Real y Héctor Libertella (que también publicaría en *Literal*). Al pie de "La contradicción principal", el texto de García, se podía leer una sucinta noticia biográfica que culminaba mencionándolo como "responsable de la

---

[84] Sarlo, Beatriz "Saer-Tizón-Conti: 3 novelas argentinas" en *Los Libros* Nro. 44 enero-febrero 1976, p. 3.

[85] Asimismo, hay varios nombres que se repiten en las dos publicaciones, como Oscar Steimberg, Josefina Ludmer y Oscar del Barco, aunque, siginificativamente, todos dejaran de aparecer en *Los Libros* para comenzar a figurar en *Literal*.

[86] "Petroquímica: una industria básica" y "Cargill: radiografía de un monopolio imperialista", en Sumario, *Los Libros* nro. 44, enero-febrero 1976, p. 2.

[87] Álvarez, Sergio "Informe sobre Portugal" en *Los Libros*, Nro. 44, enero-febrero, 1976.

revista *Literal*"[88], mientras que de Gusmán, autor de "Encantos", se decía: "integra el comité de redacción de la revista *Literal*".[89]

La segunda aparición se dio en abril de 1975, un mes antes de que el segundo número de *Literal* saliera a la calle, cuando *Crisis* publicó el relato Neibis (maneras de fumar en el salón literario) de Osvaldo Lamborghini. Como en la primera oportunidad, la mención a *Literal* se limitaba a la nota biográfica de la página 2, donde se informaba que el autor "integra el consejo directivo de la revista *Literal*"[90]; ni una palabra más. El hecho traía aparejada otra cuestión, ¿por qué Lamborghini eligió espacios tales como la mencionada *Crisis* y el suplemento cultural del diario *Clarín*[91] para dar a conocer sus textos de ficción de la época y sólo publicó poesías en las páginas de *Literal*? Esta decisión podría obedecer al mayor poder de difusión de los otros medios y, por eso mismo, señalar una tensión o conflicto entre la consagración a futuro del proyecto grupal de vanguardia y la repercusión individual en el aquí y ahora de los medios de alta circulación reconocidos por el campo intelectual

Esta presencia de los responsables de *Literal* en las otras revistas invita a pensar en la existencia de un interés en difundir su obra a través de medios de amplia circulación, que probablemente atentó contra la mención explícita de estas publicaciones en *Literal*, donde se eligió como antagonista el realismo y el populismo sin identificarlo con los nombres de quienes los promovían. Otro tanto sucede con esos medios, hegemónicos en el campo cultural, que no desconocen la obra de los *literalistas*, pero que sí ignoran los planteos que los agrupan y les dan forma orgánica a esos textos. Reconocen el valor de la obra de quienes hacen *Literal*, pero rechazan (por omisión) el valor de sus propuestas programáticas. Es *Literal* la que se resiente con este silencio, porque como afirma Oscar Steimberg en una entrevista realizada para este trabajo: "El riesgo de la vanguardia no es perder amigos, sino perder enemigos".

---

[88] Crisis, nro. 10. p.4

[89] Op. cit. p. 5.

[90] *Crisis* Nro. 24, p. 2. "Neibis (maneras de fumar en el salón literario)" se publicó en las páginas 68, 69 y 70.

[91] Nos referimos a "Matinales (aguas del alba)", publicado por el suplemento "Cultura y Nación" de *Clarín* el 29 de agosto de 1974 (el relato no incluye ningún tipo de presentación o nota biográfica).

De todas formas, en su último número *Literal* reconstruye una escena de debate en el artículo titulado "No todo es historia". Los antagonistas aludidos se circunscriben a la revista de divulgación histórica *Todo es Historia*, los suplementos culturales de los diarios *La Opinión* y *La Nación* y los semanarios *Panorama* y *Redacción*. El centro de atención del artículo está puesto, como su nombre lo indica, en el resumen que sobre el decenio 1967-1977 en la literatura argentina traza Nicolás Avellaneda en *Todo es Historia*. Allí se hace alusión a *Literal* como representante de "la auténtica tendencia experimental", y se identifica a sus autores como experimentalistas puros "fuertemente influidos por teorías lingüístico-literarias francesas (desde el ya avejentado estructuralismo hasta los postulados del grupo *Tel Quel*) y por el psicoanálisis (freudiano y lacaniano) empleado como 'explicación' de la literatura". A la vez, se hace mención a sus obras más representativas a las que se identifica como una literatura prologada (Ricardo Piglia escribe un prefacio para la primera edición de *El frasquito*), como si se sintiera necesario explicitar y ubicar la ininteligibilidad –intencional– que aflora en estos textos. Así también *El Fiord* (1973), relato de tipo experimental de Lamborghini prologado (explicado) por su colega de *Literal* Germán García". Finalmente, Avellaneda sostiene: "Relatos, prólogos, y hasta la lengua de todos estos escritores cuando son entrevistados, terminan por formar un único texto homogéneo (a veces hasta una jerga) que constituye el pico de la tendencia experimental".[92]

La respuesta de *Literal* intentará echar por tierra todas estas afirmaciones, comenzando por la influencia del "avejentado estructuralismo, [...] cuando es sabido que *Literal* surge de la ruptura con el fracaso de la divulgación estructuralista frente a los embates del contenidismo y el populismo" (L. 4/5 p. 11). También se ataca la mención del "psicoanálisis como explicación de la literatura", haciendo uso de una entrevista a Germán García realizada por la revista *Cuestionario* en mayo del 1976, donde afirma que "esa vinculación es cierta, pero no usamos el psicoanálisis como metalenguaje, como explicación de la literatura" (L. 4/5 p. 12), y la denominación de "literatura prologada", relativizando la postura de Avellaneda por con-

---

[92] Avellaneda, Nicolás, op. cit. p. 116.

fundir sujeto de la enunciación con sujeto del enunciado. Pero, como afirma Alberto Giordano, "*Literal* acusa recibo, aunque sin dar una respuesta convincente a la supuesta crítica".[93]

Una mención aparte merece la distancia que toma *Literal* de su identificación con *Tel Quel*. Avellaneda es uno de los primeros, sino el primero, que asocia la revista al grupo francés en una operación ya clásica en la historia intelectual argentina que exige rastrear el modelo extranjero en las publicaciones locales, como *La revista de Occidente* para *Sur*, *Les Temps Modernes* para *Contorno*, *La Quinzaine Literarie* para *Los Libros* y, en este caso, *Tel Quel* para *Literal*. La asociación ha quedado fijada a tal punto que hasta hoy día es difícil encontrar una mención a *Literal* que no se preocupe por señalar su filiación con el grupo francés.[94] Es importante, entonces, destacar que desde las mismas páginas de *Literal* se intentó desactivar esa identificación respondiendo: "En cuanto a los postulados de *Tel Quel*, cualquiera que haya leído *Literal* sabe que se tomó de entrada una posición contra la idea de producción y de trabajo, detentada por este grupo para evocar el campo del discurso político" (L. 4/5 p. 11-12, itálicas en el original). A continuación, el artículo cita fragmentos de la entrevista publicada en la

---

[93] Giordano, Alberto, op. cit. p. 80. En este artículo se puede encontrar una excelente lectura de la tensión entre una escritura de vanguardia y su reducción a una lectura realizada según claves psicoanalíticas. De todos modos, no adherimos a las conclusiones que extrae Giordano de este conflicto en tanto Ricardo Piglia no forma parte del grupo y el artículo de García al que se hace mención ("El Frasquito, una novela familiar") no figura en las páginas de la revista. Por otra parte, aquí se ha intentado otra valoración de la lectura que apela al saber psicoanalítico como una forma de acumular capital simbólico y producir una diferenciación en el campo intelectual. Por último, es necesario destacar que si bien el psicoanálisis fue clave en la lectura que *Literal* hace de sus propios textos, no tiene el mismo peso en su producción, que si bien los toma como referencia, nunca se ajusta a cánones psicoanalíticos previos.

[94] A modo de ejemplo, en el suplemento Ñ del diario *Clarín* del 18 de marzo de 2006, Beatriz Sarlo escribe: "Un prólogo de Ricardo Piglia presentaba *El frasquito* de Luis Gusmán como la revolución dentro de la literatura (esa revolución a la francesa, originada en la revista *Tel Quel*, que cruzaba la versión simbólica de la teoría marxista del valor y psicoanálisis). En la misma ruta de exploración vanguardista, expuesta por la revista *Literal* de la que formaba parte, Gusmán publicó ´Brillos´ en 1975 y ´Cuerpo velado´ en 1979".

revista *2001*. La concepción no-marxista del lenguaje y la producción literaria ya era explícita en el afiche-presentación.[95] De aquí que una de las preguntas de *2001* fuera cómo *Literal* pensaba romper con la propiedad privada del lenguaje, y que la respuesta aseverara: "De hecho, el lenguaje no es una propiedad privada: la apropiación del lenguaje es una ilusión". Ante otra confrontación con categorías marxistas, cuando la publicación interroga: "Si hay un ´trabajo´ con el lenguaje, ¿habría algún campo de producción individual sobre el que se tendría algún ´derecho´ (lo que Marx llama ´poseer los medios de producción´), o no existe ningún tipo de referencia individual?". *Literal* responde: "Producción… ¿de qué objeto? Si se le cree a los escritores que hay explotación pero no hay propiedad privada (del lenguaje) ni tampoco explotadores, entonces este objeto no podría explicarse por la suma de sus procesos de producción"[96]. Esto aleja a *Literal* de la posición de *Tel Quel*, que trabó relación con los grupos de vanguardia pero sin abandonar el marco teórico del marxismo.[97]

La concepción de la literatura que ostentaba *Literal*, más ligada al goce que al trabajo con la letra, también representó una fuente de conflictos en un campo literario que buscaba a toda costa una identificación con las luchas del proletariado. Así puede leerse, como otro de los debates reseñado en "La historia no es todo", la ruptura del grupo *Literal* con un incipiente gremio de escritores (episodio rescatado en las páginas del diario *La Opinión*) por no compartir esa misma representación del rol del escritor y la literatura. "El mismo diario publicó nuestra interpelación de entonces", afirma *Literal* en el artículo, y agrega con un dejo de frustración: "Pero nadie podía escuchar otra cosa que un intento de evadirse de ´la realidad actual´, como si tomar posición en la misma fuese estar en otro lado" (L. 4/5 p. 15). Es posible pensar que la posición que tomó *Literal* la situó en un lugar (en ese "otro lado" al que hace referencia el artículo) desde el cual se hacía difícil sostener un diálogo y quizá aún más difícil una discusión con el resto del campo intelectual. Ese debate con los otros representantes del campo cultural –que cabría esperar dada la carga polémica y provocadora de *Literal*– acaba revelándose ausente de la escena, como si

---

[95] Ver nota nro. 72 del presente trabajo.
[96] Revista *2001*, Op. cit. p.58.
[97] Ver Gilman, Claudia, op. cit. p. 313.

hubiera lugares en ese campo desde los cuales fuera imposible "dirigirse la palabra". La misma revista reconoce finalmente esta situación cuando afirma, con un dejo de melancolía retrospectiva, en su último número: "El rechazo que *Literal* sufrió muestra que fue entendida y que todo mensaje llega a destino, aunque sea bajo la forma del odio que instaura la negación" (L. 4/5 p. 17).

VII. La jugada de *Literal*

A través de sus diferentes intervenciones observamos, en definitiva, que la apuesta de *Literal* en el campo no reconoce medias tintas, que es a todo o nada y no bastan las buenas (o malas) intenciones. Como destaca Bourdieu:

> Los jugadores pueden jugar para incrementar o conservar su capital, sus fichas, conforme a las reglas tácitas del juego y a las necesidades de reproducción tanto del juego como de las apuestas. Sin embargo, también pueden intentar transformar, en parte o en su totalidad, las reglas inmanentes del juego; por ejemplo, cambiar el valor relativo de las fichas, la paridad entre las diferentes especies de capital, mediante estrategias encaminadas a desacreditar la subespecie de capital en la cual descansa la fuerza de sus adversarios[98]

Hemos visto como *Literal* desacredita las subespecies de capital hegemónico en el campo en el cual se inserta: la poética realista, la figura "heroica" del escritor, la sumisión al referente y la primacía del periodismo por sobre la literatura, pero al mismo tiempo le es necesario movilizar un capital propio para tratar de asegurar el éxito de la operación. Podemos identificar parte de ese capital con las obras literarias que preceden a la salida de la revista y que no se ajustan a los dictámenes hegemónicos del campo; pero con esas obras no basta. Para decirlo nuevamente con las palabras de Bourdieu:

> El valor de una especie de capital depende de la existencia de un juego, de un campo en el cual dicho triunfo pueda

---

[98] Bourdieu, Pierre, op. cit. p. 66.

> utilizarse. Un capital o una especie de capital es el factor eficiente en un campo dado, como arma y como apuesta; permite a su poseedor ejercer un poder, una influencia, por tanto, existir en un determinado campo, en vez de ser una simple "cantidad deleznable".[99]

Por lo tanto, a esas obras, *Literal* les sumará una lectura propia a partir de las novedades teóricas que entraña el posestructuralismo y, sobre todo, la teoría psicoanalítica lacaniana. Los autores de la revista utilizarán estos aportes teóricos –legados por el magisterio de Masotta en su rol de "héroe modernizador" del campo intelectual–, para transformarlos en un capital que puedan hacer jugar a su favor. No se trata de escribir según una receta elaborada a partir de los seminarios de Lacan. De hecho, los integrantes de la revista se han preocupado por aclarar que esas obras fundacionales *(Nanina, El Fiord* y *El frasquito)*, fueron escritas antes de tomar contacto con la teoría psicoanalítica. De lo que se trata aquí es de elaborar una "máquina de lectura" que permita reconocer esas obras y apreciarlas por fuera de los conceptos hegemónicos del campo a la vez que impugna a éstos últimos. Una vez puesta en funcionamiento, esa máquina es capaz de leer mucho más que literatura y permite, por ejemplo, vislumbrar en la figura de Perón un significante vacío que encadena el discurso hegemónico, lo que redunda en un lúcido posicionamiento político de la revista y construye una lectura del presente "a contrapelo" de las categorías dominantes en el campo intelectual. En definitiva, se trata de hacer jugar estas novedades teóricas como un capital propio, que distingue a este grupo del resto del campo o; como afirma Libertella, permite: "desplazar fuerzas en el campo de las argumentaciones"[100].

---

[99] Op. cit. p. 65.
[100] Libertella, op cit. p.5

Tercera Parte

I. Tradición y canon en *Literal*

Literal no sólo se dedicó a atacar las posiciones del realismo y el populismo, sino que también tuvo un aspecto propositivo que no se limita a los aportes del psicoanálisis y el posestructuralismo, ya que abarca una oferta de autores para construir su propia tradición. Los nombres reivindicados por la revista reenvían a la herencia de la vanguardia martinfierrista: Macedonio, Borges, Girondo, con quienes se propone fundar "una nueva casta del saber y de la lengua" (L. 2/3 p. 61), proposición no exenta de escándalo por su tinte aristocrático, representado en el saber de unos pocos y en franca oposición a un populismo que pugna por acercar la lengua de los intelectuales al pueblo. La reivindicación de la figura de Borges también conlleva una alta dosis de polémica, si se atiende a ese período en el que el autor de *El Aleph* gozaba del prestigio internacional mientras puertas adentro, si bien no se cuestionaban sus dotes literarias, sí se lo impugnaba por su antiperonismo de raigambre oligárquica.[101] De todos modos, la figura que resalta en la tradición que propone y expone *Literal* es la de

---

[101] En mayo de 1971, el propio Borges se encarga de dejar sentada su posición a través de una carta que publica en el diario *La Nación*, donde trata al peronismo de "remedo vernáculo del fascismo", hace un intento por desmitificar el 17 de Octubre y describe a Perón como "dictador" y "nuevo rico". La revista *Extra* consultó a otros escritores al respecto. Hernández Arregui dijo que "volver sobre el asunto Borges es descender a la letrina de los escritores proimperialistas". Marta Lynch afirmó al respecto que: "lo que dice no es memorable ni literaria ni políticamente. Y si analizamos su obra se advierte que nadie fue a buscar grandezas en *El Aleph*, sino tan solo un juego de ajedrez. Lo serio lo buscamos en Cortázar o Vargas Llosa". Citados por Caparrós y Anguita, op. cit.. pp. 452-453.

Macedonio Fernández (al punto de que los nombres anteriormente citados se enumeran, al pasar, en un artículo destinado a Macedonio), el único autor a quien se dedican dos artículos, en dos números distintos, ambos bajo el mismo título: "Por Macedonio Fernández". (L.1, pp. 15-28 y L. 2/3 pp. 59-73). La inclusión de Macedonio es problemática, más allá de que su obra, por la radicalidad de su propuesta y la singularidad de su estilo, sea objeto de un perenne rescate, y su autor, nunca del todo consagrado, flote en una sempiterna disponibilidad para las renovadas generaciones vanguardistas. El hiato temporal también es un escollo difícil de salvar, y en este sentido veremos cómo los escritores de *Literal* ponen en juego la figura y la obra de Witold Gombrowicz para "tender un puente" hacia Macedonio y obturar la presencia aplastante de Borges.

Macedonio: la novela como museo

Para poner en contexto los artículos sobre Macedonio en *Literal* podemos mencionar que el primero de ellos fue escrito por Germán García y formaría parte del libro *Macedonio Fernández: la escritura en objeto*, que Siglo XXI editaría dos años más tarde, en 1975, mientras que el segundo artículo lleva el subtítulo "Apuntes alrededor de 35 versos de Elena Bellamuerte", y había sido compuesto a dúo por Osvaldo Lamborghini y Josefina Ludmer.[102]

Ahora bien, al mencionar a Macedonio no resulta un dato menor que cincuenta años atrás el movimiento de vanguardia literaria de los años veinte, cuyo mayor exponente fuera la revista *Martín Fierro*, hubiera reivindicado al mismo autor. Esto suscita un interrogante: ¿cómo interpretar esta coincidencia en los movimientos que abren y cierran la apuesta por la renovación del campo literario en el siglo XX?

La circularidad representada por la figura de Macedonio Fernández obliga a pensar qué tipo de apropiación ejecutan los dos movimientos, o en otras palabras: contraponer "el Macedonio de Martín Fierro" al "Macedonio de *Literal*". En Martín Fierro, Macedonio es propuesto como contrafigura de Leopoldo Lugones, objeto del parricidio que

---

[102] Ver Libertella, Héctor, op. cit. p. 8.

suele acompañar al parto de todo movimiento renovador.[103] Se trata de un Macedonio que, a pesar de la diferencia de edad (Borges lo conoce porque era compañero de estudios y amigo de su padre), se siente próximo a esta nueva generación a la que "alecciona" en numerosas veladas en los cafés porteños, a la manera de un maestro socrático[104]. Se trata, en definitiva, de un "Macedonio oral" que introduce a Borges, Marechal, Girondo y compañía en los misterios de la metafísica. De ahí, quizá, la insistencia de Borges, anclada en esa imagen paternal y condescendiente, acerca de Macedonio como mal escritor y buen conversador.[105] Macedonio incluso participó del proyecto *Martín Fierro* con varias colaboraciones,[106] lo que acentuaba el efecto

---

[103] La figura de Lugones es asociada al movimiento modernista que los jóvenes de Martín Fierro se proponen reemplazar a partir de la postulación del Ultraísmo. La relación que entabla la revista con Lugones es resumida con talento en una frase de Leopoldo Marechal: "Ante todo diré que no soy un lugonófobo: admiro la vida y obra del maestro como se admira un espectáculo" (en "Retruque a Leopoldo Lugones"). Aunque no siempre se lo trata con cortesía: "Lugones es un frío arquitecto de la palabra; construye albergues inhabitables para la emoción y sus versos tienen el olor malsano de las casas vacías" (Leopoldo Marechal en "Filípica a Lugones y otras especies de anteayer").

[104] "La certidumbre de que el sábado, en una confitería del Once, oiríamos a Macedonio explicar qué ausencia o qué ilusión es el yo, bastaba, yo recuerdo muy bien, para justificar las semanas" (Borges, Jorge Luis, en Sur, marzo-abril, 1952, pp. 145-147. "His genios survives in but a few of his pages; his influence on me was of a Socratic nature" ["su genio sobrevive sólo en algunas de sus páginas. Su influencia sobre mí fue de carácter socrático"]; Jorge Luis Borges en *The New Yorker*, citado por Jo Anne Engelbert en "El proyecto narrativo de Macedonio", en *Museo de la novela de la Eterna*, edición crítica, Madrid, ed. Fondo de Cultura Económica, 1993, pp. 382-383.

[105] En una entrevista realizada en 1969 para la revista *Artiempo*, Borges afirma: "La grandeza de Macedonio estaba en el diálogo más que en lo escrito por él. Fíjese que a pesar de ser un conversador brillante era lacónico y tímido. Si bien no desaconsejo la lectura de sus libros, tampoco puedo negar que se trata de un hombre que nunca se entregó enteramente a ellos. Era un hombre de genio, pero su instrumento fue el diálogo, como en el caso de Sócrates".

[106] "La oratoria del hombre confuso", "A propósito de los derrumbes", "Un artículo que no colabora" o "Artículo diferente", entre otros, en *Revista Martín Fierro: Antología 1924-1927*, Buenos Aires, Carlos Pérez editor, 1969.

de contemporaneidad, si bien su figura no era vista como la de un par, sino como la de un maestro. Por otra parte, resulta difícil pensar en otro tipo de apropiación, dada la tenaz tozudez con que Macedonio se oponía a publicar "sus papeles", que serían recopilados póstumamente por su hijo, Adolfo de Obieta, y publicados bajo el título de *Papeles de Macedonio Fernández en 1964*, mientras que su obra capital, el *Museo de la Novela de la Eterna*, recién vería la luz en 1967.

Estas circunstancias tornaban bastante difícil, por no decir imposible, la proposición de Macedonio como un nombre "a rescatar" del olvido en *Literal*, puesto que su "rescate" ya se había concretado cincuenta años atrás en la empresa de unos jóvenes cuyos nombres ocuparían lugares centrales años después y para quienes Macedonio sería clave en la construcción de una "genealogía"[107]. Esa centralidad de los martinfierristas será, a su vez, puesta en duda en los años cincuenta' por los integrantes de *Contorno*, quienes volverán a echar tierra sobre la figura de Macedonio a la vez que desempolvarán a un más cercano y mítico Roberto Arlt. Por otra parte, el señalamiento de Macedonio como figura emblemática es posible precisamente porque *Literal* no acomete el "parricidio". Como hemos visto, la problemática ubicación de Borges en el campo literario, en virtud de sus posiciones políticas, evita una canonización que se efectuaría años después, y lo carga con la suficiente incorrección como para hacer de su nombre una contraseña escandalosa propia de la provocación vanguardista, al tiempo que permite correr el foco de lo político y situar al autor de *El Aleph* en un lugar en el que no puede ser más que reivindicado. En otras palabras, quienes integran *Literal* están menos interesados en el parricidio que en el fratricidio, no discuten el pasado sino que se entreveran con el presente, por eso pueden apropiarse de los padres y proponer al "abuelo" como figura central. Sin embargo, se trata aquí de otro Macedonio. Como ya se ha señalado, la generación de *Literal* cuenta con la ventaja de haber tomado contacto con la obra clave de Macedonio: *El Museo de la Novela de la Eterna*, a la que el autor dedicó más de treinta años de su vida, lo que propicia la oportunidad de una nueva lectura de su obra y su figura en el mapa

---

[107] "Al descubrirlo, el clan ultraísta realizaba la ambición de todo grupo revolucionario que se estime: la veloz invención de una genealogía". Emir Rodríguez Monegal citado por Jo Anne Engelbert, op. cit. p. 383

de las letras. Se tratará, entonces, de un Macedonio "leído", y esa lectura no será ingenua sino que tendrá bien claro sus parámetros, su localización, sus alcances y, hasta cierto punto, sus efectos. La reivindicación de Macedonio funcionará, otra vez, como estilete contra el realismo y el populismo, enemigos declarados de la revista. Lo que está en juego para los autores de *Literal* es dilucidar qué función cumple el lenguaje en la literatura: si la de mero instrumento para la comunicación transparente de un mensaje "comprometido" y "subordinado al referente" o, al contrario, la materia a ser trabajada, el objeto mismo de la práctica literaria. La elección de Macedonio no podría ser más acertada para este propósito: pocas obras atacan con tanta precisión los cimientos de la novela realista como el *Museo de la Novela de la Eterna*, en la que se hacen explícitos todos los dispositivos técnicos (retóricos y narrativos) de la construcción de una novela para desarticularlos y desecharlos. El mismo Macedonio afirma:

> Lo que no quiero, y veinte veces he acudido a evitarlo en mis páginas, es que el personaje parezca vivir, y esto ocurre cada vez que en el ánimo del lector hay alucinación de realidad del suceso: la verdad de la vida, la copia de la vida, es mi abominación, y ciertamente ¿no es lo genuino del fracaso del arte, la mayor, quizá la única frustración, aportación, que un personaje parezca vivir? Yo considero que ellos quieran vivir, que intenten y codicien la vida, pero no que parezcan vivir, en el sentido de que los sucesos parezcan reales: abomino de todo realismo. [108]

A través de Macedonio, *Literal* se despacha contra la poética realista que hegemoniza el campo literario [109]. Aquí resuenan ecos de la polémica que enfrentó, en su momento, al vanguardista grupo de Florida (con el que estaba identificado Macedonio) con el de Boedo, integrado por escritores como Roberto Mariani, César Tiempo o Elías Castelnuovo, que pugnaban por una literatura vinculada a la denuncia de las injusticias y orientada a la transformación social. Ya desde entonces se dio un fenómeno singular en Argentina: el divorcio entre la van-

---

[108] Macedonio Fernández, *Museo de la Novela de la Eterna*, op. cit. p. 40.
[109] Ver nota 66.

guardia literaria y la vanguardia política. Aunque en el caso de *Literal*, esta confrontación no sólo responde a criterios estéticos, sino que se cruza con cuestiones políticas en la medida en que, para la revista, cierta concepción del realismo afín a la época se ata a un referente social como coartada de un prestigio que no puede obtener de su trabajo con el lenguaje. *Literal* explicita esa "maniobra" y propone otro modelo donde, como afirma Osvaldo Lamborghini, el sentido: "no solo se hace a la vista sino que además se deshace"(L. 2/3 p. 63), en el cual no es posible fundar la literatura en virtud de una ética.

> Una ética de la literatura entrará siempre en contradicción con cualquier ética (política, económica, moral) puesto que toma al lenguaje como un fin; mientras que la literatura subordina la relación con el otro a la articulación del lenguaje con el deseo, la ética está condenada –y nos condena– a subordinar el deseo y el lenguaje a la relación con el otro. Mientras que el estilo intenta grabar en el otro la lógica de un deseo, el otro intentará subordinar cualquier estilo al deseo de una lógica.[110]

Por eso una estética implicará: "la asunción jubilosa de una ética" (L. 2/3 p.11). Claro que esto no significa que la revista tenga una postura de rechazo respecto a la esfera política, sino que sus esfuerzos tienden a independizar la literatura de la influencia que la problemática política proyecta sobre su campo. Dicho en otras palabras: para *Literal*, un lenguaje "revolucionario" no hace la revolución, y si se pretende una auténtica transformación social ésta debería comprender la "revolución" del lenguaje, si ese lenguaje opera como instrumento del dominio de las clases hegemónicas.

A partir de Macedonio, *Literal*, se esfuerza por desanudar el vínculo entre literatura y política en la medida en que éste destila una ética de la literatura que la condena a un uso instrumental del lenguaje para reflejar un referente. Se trata de abandonar la lógica de la representación mimética de lo real y adoptar una concepción de la literatura como metáfora, en la medida en que: "el realismo, al pensar sólo el proceso

---

[110] García, Germán Leopoldo, *Macedonio Fernández: la escritura en objeto*, Buenos Aires, Siglo XXI, 1975, p.139.

metonímico, se condena a desconocer el valor metafórico en el momento histórico que lo hizo posible" (L. 2/3 p.10). En Macedonio, en cambio, "el poder metafórico de sus textos, su repulsa por el realismo, lo muestran en la vertiente del lenguaje que se articula en el eje del código contra el contexto. Metáfora contra metonimia."[111].

Por otra parte, la lectura de Macedonio brinda la oportunidad de poner en práctica una nueva herramienta de interpretación al aplicar los conceptos de la teoría lacaniana a sus textos. No sólo se tratará de reivindicar la obra, sobre la personalidad (basta recordar la impugnación estructuralista que pesa sobre la figura del autor) de Macedonio Fernández: se tratará de reinventarlo a la luz de la nueva visión que aporta el psicoanálisis lacaniano. De ahí que el artículo sobre Macedonio del primer número de *Literal* se inicie con la frase: "La escritura hace presente lo ausente" (L. 1 p.16), que remite directamente a la concepción lacaniana del par ausencia/presencia como apertura a la significación. Otras categorías psicoanalíticas, como el duelo, la ley del padre, la relación entre los estratos de lo simbólico y lo real, también están presentes en ese texto. En el artículo del número 2/3 también se observa el aporte de las categorías acuñadas por Lacan, entre otras, en la proposición que sostiene: "La única visión posible en poesía es la visión de la letra (sus huecos, bordados, cortes). Las imágenes son lingüísticas, operaciones del lenguaje sin análoga posible" (L. 2/3 p. 64). Se leerá "al pie de la letra" y se buscará la primacía del significante, de acuerdo con la concepción lacaniana de la escritura, donde ésta "designa la operación mediante la cual la 'letra', en tanto 'soporte material' del significante, alcanza el estatuto de una marca".[112] De este modo, la novedad que comportan estos artículos no es sólo una relectura de Macedonio, sino también un dispositivo teórico que puede ser aplicado a cualquier texto para subvertirlo o extraer de él otros sentidos (como se ensaya en el número 4/5 de *Literal* con la lectura "lacaniana" aplicada a los relatos realistas de Bernardo Kordon).[113]

En resumen, podemos observar dos aspectos preponderantes en la relación que *Literal* entabla con Macedonio Fernández como escritor clave en el canon que define la revista. En primer lugar, se trabaja sobre la

---

[111] García, Germán Leopoldo, op. cit. p. 144.

[112] Albano, Sergio op.cit., p. 81.

[113] Ver al respecto la nota nro. 57 del presente trabajo.

obra de Macedonio y se la emplea a modo de punta de lanza contra el estilo realista y la tendencia populista que hegemonizan la producción en el campo literario. En este sentido, la reivindicación de Macedonio Fernández es doblemente aguda y compleja, en tanto se trata de un autor reconocido por el campo literario ante quien propone otra lectura de su obra, además de enfrentarla a posiciones que no reniegan de la importancia de Macedonio en la tradición establecida. De aquí la segunda de las características: la subversión de las normas radica en la forma en que es leído. De este modo, los artículos dedicados a Macedonio representan el ensayo ejemplar de una nueva forma de interpretar y comprender la tradición literaria a la luz de los aportes de la teoría lacaniana.

Podemos señalar el contraste con los escritores de Martín Fierro. Ellos tratan a Macedonio, conviven con él, pero no pueden leerlo; no por una incapacidad cognitiva –claro está–, sino por un obstáculo "del orden de lo real": no cuentan con suficientes textos de Macedonio como para efectuar esa lectura. La influencia entonces, está asociada a su presencia física, Macedonio Fernández es el monumento portátil de la vanguardia del veinte. En cambio, en *Literal*, la protagonista de la apuesta renovadora es la obra de Macedonio y es a partir de la lectura de esa obra que se fragua un arma teórica para lanzar contra los postulados hegemónicos en el campo literario de la época.

Gombrowicz: el atajo polaco

Sin embargo, Macedonio Fernández sigue estando muy lejos en el tiempo. Aquí entra a jugar la figura de otro héroe de los *literalistas*: Witold Gombrowicz. Como afirma Ricardo Piglia, precisamente en un artículo dedicado a Macedonio Fernández:

> "Hasta que Witold Gombrowicz no llega a la Argentina se puede decir que Macedonio no tiene a nadie con quien hablar sobre el arte de hacer novelas. *Transatlántico*, novela argentina, ya es una novela macedoniana (para no hablar de Ferdydurke). A partir de Gombrowicz se puede leer a Macedonio. Mejor, Gombrowicz deja leer a Macedonio"[114].

---

114 Piglia, Ricardo, "Notas sobre Macedonio en un diario", en *Formas Breves*, Buenos Aires, Temas, 1999, p.33.

Witold Gombrowicz, exiliado polaco por accidente (un viaje promocional en barco lo depositó en el Río de la Plata al mismo tiempo que Alemania invadía Polonia y desataba la Segunda Guerra Mundial), se dedicó a una labor incansable y secreta, ajeno, en parte por propia voluntad, al campo literario argentino[115]. Así, durante casi dos décadas, Gombrowicz no fue más que un personaje marginal y algo exótico, reconocido por muy pocos escritores (entre los que se podría mencionar a Ernesto Sábato y el cubano Virgilio Piñera o, significativamente, a Adolfo de Obieta, hijo de Macedonio que colaboró en la traducción al castellano de Ferdydurke) y adulado por una corte de jóvenes bohemios con los que jugaba al ajedrez en el desaparecido café Rex de la calle Corrientes. No podemos saber qué habría sucedido si Gombrowicz no hubiera sido objeto del "rescate" internacional a partir de la edición francesa de su novela más célebre *Feryidurke*, en 1958, y se hubiera trasladado a Europa en 1963, donde seis años después la crítica internacional le adjudicaría el premio Formentor y lo reconocería como uno de los grandes escritores del siglo XX. Aunque es probable que este reposicionamiento y flamante prestigio "mundial" haya sido el obstáculo principal para identificar a Gombrowicz como "padre" de la vanguardia de los años setenta, más allá de la dificultad para encauzar a un atípico escritor polaco en una tradición literaria argentina. El propio Gombrowicz comentaba, con algo de sorpresa por su tardío reconocimiento, la situación: "De mí, individuo siempre privado, ninguna nación puede sacar provecho, yo soy un outsider. En el encuentro internacional, yo no formaba parte de su equipo literario"[116]. Sin embargo, no faltan las referencias a

---

[115] A partir de una cena con Victoria Ocampo y otros miembros del grupo de la revista *Sur*, a quienes ofendió con sus desplantes, comenta Witold Gombrowicz en su *Diario*: "Decidieron, pues, que yo era un anarquista bastante turbio, de segunda mano, uno de aquellos que por falta de mayores luces proclaman el élan vital y desprecian aquello que son incapaces de comprender. Así terminó la cena en casa de Bioy Casares… en nada… como todas las cenas consumidas por mí al lado de la literatura argentina". Gombrowicz, Witold, *Diario Argentino*, Buenos Aires, Adriana Hidalgo, 2003. p. 49
[116] Gombrowicz, Witold, *Testamento: Conversaciones con Dominique de Roux* Barcelona, Anagrama, 1991. p.101.

Gombrowicz en *Literal*. Se lo menciona en varias ocasiones a lo largo del primer número: "A los lectores también les pasan ciertas cosas. Un hermanito llega en el momento culminante de la novela (nos dice Gombrowicz), una mosca zumba justo cuando el lector llegaba al nudo del texto" (L. 1 P. 55). "Zelarayán podría suscribir a la siguiente declaración de Gombrowicz: quiero disminuir en algo la inmensidad de las hojas en blanco que me asustan" (L. 1 p.55). "Es probable que dos maestros de la estupidez –Gombrowicz, Flaubert– resuenen en las páginas" (L. 1 p.122). Las menciones son algo forzadas, como si fuera necesario dejar en claro la presencia del autor polaco, aunque sin poder ubicarlo en el lugar correspondiente. Las referencias a Gombrowicz no se agotan en la revista: Germán García hace su ingreso a la experiencia del periodismo cultural en *Los Libros* precisamente con un artículo sobre Witold Gombrowicz en 1969, y vuelve a escribir sobre Gombrowicz en la misma publicación en 1972 ("Gombrowicz textual". *Los Libros*, mayo de 1972), sólo un año antes del primer número de *Literal*. Osvaldo Lamborghini, por otra parte, si bien no lo menciona explícitamente, parece rendirle un solapado homenaje en *Sebregondi Retrocede* (1973) a través de la figura del Marqués de Sebregondi, no sólo por el disparatado título nobiliario (basta recordar que a Gombrowicz, en lo peor de su miseria, le gustaba que lo llamaran "Conde"), sino también por una cierta aristocracia sórdida, en las influencias sobre su estilo y, más que nada, en la desestructuración de todo discurso a través del uso irreverente del humor, característica que comparten tanto Gombrowicz como Lamborghini (y también, claro está, Macedonio Fernández).

En virtud de estos rasgos, podemos afirmar que *Literal* no sólo reivindica a Macedonio Fernández como columna vertebral de su tradición literaria, sino que lo hace a partir de una lectura de su obra, no sólo a través del tamiz de la teoría lacaniana, sino también de la obra de Witold Gombrowicz; tal vez el "padre secreto" cuya posición problemática en el campo literario y reconocimiento a nivel mundial impiden una adopción definitiva y explícita por parte de los *literalistas*. Al Macedonio moldeado por Borges, *Literal* le opone el Macedonio leído a través de Gombrowicz y, más directamente, a Borges (cuya inclusión podía ser provocadora, pero cuya influencia era irrecusable) le opone la contrafigura de Gombrowicz. De este modo, al canon "oficial" (Macedonio, Girondo, Borges) *Literal* no lo enfrenta a un contra-canon, sino que lo somete a una contra-lectura, una mirada aviesa, taimada, "al pie de la letra". *Literal* incorpora parafraseando a Osvaldo Lamborghini, una mirada "de través" (oblicua) de los mismos autores, mientras que su aporte al canon nacional es un escritor "polaco" al que contrabandean, en secreto, para colarlo en la lista de grandes escritores nativos: una operación de desterritorialización muy propia de la vanguardia.

II. Manifiestos: los principios de *Literal*

Si, como un ejercicio de antologista, se debiera identificar *el* manifiesto de *Literal*, este sin duda sería "No matar la palabra, no dejarse matar por ella". La elección estaría justificada tanto por su ubicación estratégica (el primer artículo del primer número) como por sus recursos temáticos y retóricos: demoler una a una las posiciones hegemónicas en el campo literario con un discurso asentado en la seguridad de afirmaciones apodícticas. Sin embargo, *Literal* parece signada por una auténtica "voluntad de vivir manifestándose", al punto tal que parte de sus propuestas ya habían entrado en circulación antes de que saliera el primer número de la revista y, asimismo, nuevos artículos vinieron a precisar y sumar aportes a esas primeras afirmaciones en los números siguientes. De este modo, un afiche publicitario, una entrevista cuyas respuestas se entregan escritas a máquina y los artículos que abren y cierran los dos primeros números se complementan y juegan entre sí para conformar el corpus orgánico de los principios que, según *Literal*, deben caracterizar a la literatura argentina. Como veremos, estos principios y los mecanismos que los ponen en práctica se relacionan con algunos de los movimientos literarios más importantes del siglo, no casualmente caracterizados por las revistas que los nucleaban: *Martin Fierro* y *Contorno*. Entre esos dos polos se jugará el riesgo de la apuesta de *Literal* y las posibilidades de su éxito.

Un afiche invade las calles de Buenos Aires: los ocho puntos de *Literal*

El 27 de octubre de 1973, las calles del microcentro porteño amanecieron empapeladas con un curioso afiche. Ajeno a la seducción de la imagen o a cualquier trabajo de diseño, el pequeño cartel sólo contaba, para llamar la atención del transeúnte, con los recursos de la palabra: ocho puntos encabezados por el título ***LITERAL N° 1: UNA INTRIGA*** se sucedían articulados sobre la palabra **"Porque"**, que funcionaba como una señal de largada para enumerar las razones que daban pie al surgimiento de *Literal*:

LITERAL N° 1: UNA INTRIGA

1. **Porque** la literatura es una práctica que se transforma en el acto mismo de enunciarse, no puede ser definida en sí misma. Trabajando con códigos y contextos, evocando y ocultando sus referencias, todo texto niega un trabajo ya hecho, lo conserva para superarlo.

2. **Porque** no basta escribir para saber qué significan las palabras, el texto se define en una ambigüedad que es condición de su legibilidad: si todo estuviese dicho en la superficie de cada palabra, no habría nada que leer en la relación que hay entre ellas.

3. **Porque** la literatura se hace con las palabras de una historia, de una lengua determinada, borra a su autor y se abre a una pluralidad indefinida. Cuando la literatura se realiza, ya no es de nadie: pertenece a todos y a la tradición.

4. **Porque** no hay propiedad privada del lenguaje, es literatura aquello que un pueblo quiere gozar y producir como literatura. La insistencia de ciertos juegos de palabras es literatura, como lo comprende cualquiera que sepa escuchar un chiste.

5. **Porque** la literatura que consagra un mercado está marcada por una doble censura –formal y temática–, nadie puede saber de qué se trata sin atender aquello que ni siquiera llega al mercado porque no resulta digno de ser impreso.

6. **Porque** todo el mundo puede jugar con las palabras, porque los géneros y las formas cambian, cualquiera puede captar en el lenguaje algo del orden de la literatura.

7. **Porque** la literatura argentina debe romper con la Literatura para ser argentina, es necesario romper nuestras creeencias, superando la locura segregacionista de la Institución Literaria.

8. **Porque** no sabe qué seria la literatura si no fuese lo que actualmente es, aparece LITERAL. Contra los límites de la "literatura", por una palabra que se enuncia en su práctica, sin alucinar la vida.

El recurso, que puede haber llamado la atención de más de un peatón y redoblado el carácter de intriga para un lector sin competencia en la materia –si tenemos en cuenta que la palabra "revista" nunca es mencionada–, distaba, sin embargo, de ser novedoso. Se trataba de una práctica bastante común en las vanguardias de los años veinte. Tanto la primera (más convencional) como la segunda etapa (ya de neto carácter vanguardista) de la publicación *Martín Fierro*, fueron anunciadas por sendos carteles pegados en las calles, al igual que la revista "de la nueva generación" *Inicial*, fechada en 1923. Si la vanguardia venía a restaurar la unión entre el arte y la praxis vital, no se trataba sólo de que el verso adoptara el ritmo frenético y nervioso de una avenida del centro o que los poemas fueran aptos "para ser leídos en el tranvía", sino que también, en el sentido contrario, las propuestas de la vanguardia llegaran a la calle, conviviendo y compitiendo con los reclamos publicitarios, y pasaran a formar parte de su paisaje. Esa es la idea que está en la base de *Prisma*, la revista mural dirigida por Jorge Luis Borges, Eduardo González Lanuza, Guillermo Juan y Guillermo de Torre, quienes editaron –o mejor sería decir, pegaron a las paredes– dos números en diciembre de 1921 y marzo de 1922, el primero de los cuales contenía una "proclama ultraísta" redactada por Borges. El recurso no se limitó a las calles porteñas. Ese mismo año (1921), el fundador de la primera vanguardia mexicana –Manuel Maples Arce–, lanzaba *Actual*: "Hoja de Vanguardia. Comprimido estridentista de Manuel Maples Arce", otra revista-cartel que señalaba el nacimiento del estridentismo con propuestas como "echarse a la calle y torcerle el cuello al doctor González Martínez".[117] El afiche de

---

[117] Citado en Aira, César, *Diccionario de autores latinoamericanos*, Buenos Aires, Ada Korn-Emecé, 2001, p.337. Casualmente o no, un movimiento de vanguar-

Literal no sólo mimaba el procedimiento de la vanguardia martinfierrista, sino también ciertos recursos retóricos, como el de la repetición a partir de párrafos con un comienzo en común, los "porqués" de *Literal* ("Porque la literatura es una práctica que se transforma en el acto mismo de enunciarse / Porque no basta escribir para saber qué significan las palabras / Porque la literatura se hace con las palabras de una historia", etc.)[118] y los "frente a" de *Martín Fierro* (Frente a la impermeabilidad hipopotámica del "honorable público" / Frente a la funeraria solemnidad del historiador y del catedrático / Frente a la ridícula necesidad de fundamentar nuestro nacionalismo intelectual, etc.)[119]. No sólo ahí se hacía patente la influencia del manifiesto martin fierrista, sino también en la utilización del nombre de la revista como sujeto del enunciado ("Porque no sabe qué sería la literatura si no fuese lo que actualmente es, aparece LITERAL"[120] y "*Martín Fierro* siente la necesidad imprescindible de definirse / *Martín Fierro* acepta las consecuencias y las responsabilidades de localizarse / *Martín Fierro* sabe que 'todo es nuevo bajo el sol", etc.[121]). El mismo procedimiento vuelve a ser utilizado por los integrantes de *Literal* en la entrevista publicada en la revista *2001*: Aquí otra vez *Literal* vuelve a ocupar el rol de sujeto del enunciado: "*Literal* no rompería con la literatura (y es partidaria, además, de escribir la palabra sin puntillas)"; "Pero ¿acaso a *Literal* le importa un pito romper con algún mito?"[122]. Como la entrevista fue realizada en base al afiche y anticipando la salida del primer número, tanto las preguntas como las respuestas giraron en

---

dia mexicano casi contemporáneo a *Literal*, el Infrarrealismo, parafraseaba a Maples Arce en su manifiesto al afirmar su intención de "partirle la madre a la cultura oficial" y, en 1975, se declaraba continuador de la experiencia estridentista. Para la relación entre Estridentismo e Infrarrealismo se puede consultar Cobas Carral, Andrea, "Usos del estridentismo: el movimiento infrarrealista y Los detectives salvajes de Roberto Bolaño", Actas del Congreso Internacional Transformaciones Culturales FFyL, UBA, 2006, en prensa.

[118] "Un cartel invade las calles de Buenos Aires (octubre de 1973)" en Libertella, Héctor op. cit. p. 135.

[119] "Manifiesto de Martín Fierro" en Sarlo, Beatriz (antología y prólogo), *Revista Martín Fierro (1924-1927)*, Carlos Pérez Editor, Buenos Aires, 1969.

[120] Libertella, Héctor, op. cit.

[121] Sarlo, Beatriz, op. cit.

[122] Revista *2001*, op. cit. pp. 57, 59.

base a los ocho puntos, y sirvieron para que los *literalistas* profundizaran algunas de las afirmaciones que ya habían lanzado a la calle. Podríamos extraer una propuesta de cada uno de esos puntos mencionados en el afiche. Así, el primero hablaría de la necesidad de un marco teórico para abordar la literatura que: "no puede ser definida en sí misma"; el segundo menciona la ambigüedad como rasgo inherente a la literatura; el tercero certifica la "muerte del autor"; el cuarto aboga por la propiedad social del lenguaje y no deja escapar la categoría de pueblo para hacerla jugar a su favor, lo que podríamos leer como una marca de época. Por su parte, El quinto punto ataca al mercado como instancia de legitimación que condiciona a la literatura a través de "una doble censura –formal y temática–";[123] el sexto punto, en la tradición de la vanguardia, comprueba que toda persona no sólo usa el lenguaje sino que también juega con él, y en esa medida: "cualquiera puede captar algo del orden de la literatura". El séptimo punto instala el proyecto contra la "locura segregacionista de la Institución Literaria" y da pie al último acápite: "Porque no sabe lo que sería la literatura si no fuese lo que actualmente es, aparece *LITERAL*. Contra los límites de la 'literatura', por una palabra que se enuncia en su práctica, sin alucinar la vida"[124]. Como afirma Ricardo Strafacce: "Los ocho porqués que encabezaban cada párrafo parecían demasiado llenos de certezas como para que la afirmación de que *Literal* surgía a partir de una ignorancia (en torno a lo 'que sería la literatura si no fuese lo que actualmente es') con la que se cerraba el texto no sonara exagerada".[125] De todos modos, a la presunta ignorancia seguía una última certeza que englobaba el proyecto: correr y ampliar los estrechos límites que el realismo y el populismo le habían impuesto a la práctica literaria.

Juego de intrigantes

El mismo concepto de "intriga" con el que se presentaba *Literal* en el afiche sería uno de los *leitmotivs* del grupo, intriga entendida menos

---

[123] Libertella, Héctor, op. cit.
[124] Op. cit.
[125] Strafacce, Ricardo, op. cit. p. 289.

como misterio que como conspiración y muy acorde al clima de época. La palabra resonaría como una contraseña en las respuestas de la entrevista ("La literatura es un objeto intrigante, su producción es una intriga aunque no resulte un misterio para nadie."[126]) y en los artículos de la revista, al punto de aportar el título al texto que cierra el primer número –"La Intriga"– en una relación de complementariedad y tensión con el que lo abre, y tal como hemos dicho, puede ser reconocido como el manifiesto oficial del grupo: "No matar la palabra, no dejarse matar por ella". Esta distribución espacial se repetirá en el número 2 con los manifiestos que abren y cierran la revista, sólo que aquí la operación se hace más explícita al tratarse de dos textos distintos con el mismo título: "La flexión literal". Al recurso (que también se utiliza en los dos artículos titulados: "Por Macedonio Fernández") hay que sumarle las citas que un texto hace del otro. Así, "La Intriga" propone: "adoptar la posición del entontecido-cínico" que el artículo sobre Macedonio reproducía como cita del antiguo maestro. Del mismo modo, "La flexión *literal*" que despide el número se inicia con un epígrafe extraído del artículo que con el mismo nombre abre la edición ("La apología del ojo que ve y refleja el mundo funda el imperialismo de la representación realista"[127]). Otros epígrafes, si bien no provienen de las mismas páginas, son de autoría anónima y aluden a un registro coloquial que sugiere una génesis común: las charlas y debates en los bares de Corrientes, donde se gestó la revista. La suma de estos procedimientos en los textos que juegan entre sí ("Porque un texto es un juego 'entre' un texto y un juego", se proclama en "La Intriga") no sólo hace patente un mecanismo de consagración horizontal característico de la vanguardia[128], sino que además elabora un complejo entramado de citas que se reenvían mutuamente y acentúan el "efecto de verdad" de las aseveraciones y

---

[126] Revista 2001, op.cit. p. 58.

[127] Op. Cit. pp. 10 y 145.

[128] Así, Beatriz Sarlo afirma en uno de sus estudios sobre *Martín Fierro*: "Cuando la vanguardia niega el mercado, divide al mismo tiempo al público, fundando para sus textos un tipo de lectura practicada en primer lugar por los escritores mismos: una lectura entre iguales". Sarlo, Beatriz, "Vanguardia y criollismo: la aventura de Martín Fierro", en *Revista de crítica literaria latinoamericana*, Lima, año VIII, n° 15, 1° semestre 1982.

la impronta novedosa de la propuesta, que abreva de sí misma para enriquecerse.

Esta estructura con dos manifiestos ubicados en extremos opuestos de la revista (y que –firmas borradas al margen– corresponden a Germán García y Osvaldo Lamborghini, respectivamente) funcionan como los balances que impiden a la nave *Literal* virar demasiado hacia la seriedad de la propuesta teórica o hacia la previsibilidad de la provocación vanguardista. Próximos al centro de esta geografía, encontramos textos escritos a varias manos que dejan sentada una postura política en el primer caso ("El matrimonio entre la utopía y el poder", página 35 en *Literal* 1) y contrabandean nuevas propuestas en la vindicación de Macedonio, en el otro ("Por Macedonio Fernández", en la página 59 de *Literal* 2/3).

El manifiesto "oficial" ("No matar la palabra, no dejarse matar por ella") presenta la publicación y se propone demoler, uno a uno, los supuestos sobre los que se asienta la unificación del campo intelectual que *Literal* viene a romper. De este modo, se articula una definición por contraste: contra la representación de lo real como función de la literatura, contra el realismo, contra el periodismo, contra la utilidad de la literatura en cuyo centro no hay una finalidad sino un vacío[129]. Como afirma Alberto Giordano, el mismo título del manifiesto pone al proyecto *Literal* en medio de una tensión: "'No matar la palabra': no someterla a la prepotencia del referente, pero a la vez 'no dejarse matar por ella': mantener cierta distancia en relación a la palabra (no confundir la imposibilidad de lo real con la autosuficiencia del lenguaje) que permita el despliegue del sentido".[130]

En el otro extremo del primer número, "La Intriga" produce el paradójico efecto de un "sinceramiento cínico", que queda claro desde el epígrafe: "Es verdad que nos falta una ciencia de la escritura, y también es verdadera la posibilidad de que no la tengamos nunca. Pero somos lo bastante descreídos como para fingir sus efectos." (L. 1 p. 119)

---

129 Para el análisis detallado de este manifiesto, ver: "Autonomía del campo literario" en la segunda parte de este trabajo.
130 Giordano, Alberto, op. cit. p. 66.

Ricardo Strafacce repone la línea inicial de este diálogo tácito: "Pero... muchachos, ¿no estamos haciendo una revista de literatura?"[131]. Ante la radical impugnación que ejercitaba, *Literal* se sometía al peligro de no dejar en pie ni siquiera su propia posibilidad de existencia. El dilema se resuelve en una apuesta por la ficción como relato, pero también como engaño: "Fingir, como en una ficción, los frutos de un discurso cuya imposibilidad ya ha sido demostrada"[132], o simplemente (como si fuera simple) dar testimonio de esa imposibilidad. A partir de ahí el texto desplegará unas consignas tales que obligan al lector atento a releer toda la revista "en sentido contrario", letra por letra, como un linotipista. Aquí se anuncia una contracara perversa del proyecto, que produce un "signo medio depravado" cuyos movimientos oscilan (otra vez en una tensión) "entre intrigar, conspirar / no dar el golpe" (L. 1 p.119). Ante el peligro de "dejarse matar por la palabra" o ser "hablado por la ideología" se propondrá tomar el goce como horizonte y confiar en "la voluntad de disparar una ideología contra el blanco de otras ideologías", (L. 1 p.120). Ante la sobrecodificación de los géneros (realismo, policial, etc.) se exigirá "mezclar los códigos, dar por sabido lo que se ignora" (L. 1 p.120). Entonces, ¿cómo evitar caer bajo el peso de las propias certezas? Analizando el estilo que caracteriza a la revista, Héctor Libertella anota que: "muchas de las frases eran apodícticas: parecían saberlo todo"[133]. "Sí", repone *Literal* en este texto, pero sin olvidar que "se fingirá el saber que no se tiene" (L. 1 p. 120). Así, en *Literal*, la crítica y la ficción están siempre agazapadas tras el umbral de un texto otro, que no se reconoce en una función explícita, agazapadas esperando el mejor momento, conspirando: "Montada como intriga literal, el juego donde el texto teórico podrá ser portador de la ficción, y la reflexión semiótica tejerá la trama del poema" (L. 1 p.121).

---

[131] Strafacce, Ricardo, op. cit. p. 301.
[132] Op. cit.
[133] Libertella, Héctor, op. cit. p.7.

La (re)flexión *literal*

Como adelantamos, el segundo número adopta la misma estructura y presenta dos textos con el mismo título: "La flexión *literal*". El primero de ellos (a cargo de Germán García) arremete otra vez contra el realismo y el populismo, pero al mismo tiempo resalta otra de las divisas de la revista: el goce literario. "La satisfacción que produce la escritura no puede ubicarse fuera de ella, en alguna finalidad, en la impensable teología de un sentido" (L. 2/3 p.9), leemos en sus primeras líneas. Tras demostrar la caducidad del proyecto realista: "La flexión literaria del realismo se propuso como una nueva redistribución de los géneros y los discursos y abrió un campo, pero es necesario reconocer que su función actual es de obstáculo. [...] Porque no hace falta el realismo para transformar la realidad" L. 2/3 p.10). La "flexión *literal*" se propone como superadora del aspecto metonímico (referencial) de la literatura realista para elaborar una metáfora cultural "que captura a las épocas y a las clases". A partir de esa estética, *Literal* se preguntará por el valor de goce de la práctica literaria. Aquí resuena no sólo Lacan, sino también Roland Barthes, que por esos años elabora el concepto de "texto de goce". "Un texto de goce –anuncia Barthes– es el que pone en estado de pérdida, desacomoda (tal vez, incluso, hasta una forma de aburrimiento), hace vacilar los fundamentos históricos, culturales, psicológicos del lector, la congruencia de sus gustos, de sus valores y de sus recuerdos, pone en crisis su relación con el lenguaje"[134]. Para distinguir ese "texto de goce" del más convencional "texto de placer", Barthes echa mano a la teoría lacaniana y recuerda que el placer puede decirse, pero el goce es indecible. De este modo, reencontramos esa satisfacción que produce la escritura y que no puede situarse fuera de ella sino hacia dentro, en un centro vacío, en un núcleo de goce que no puede decirse sino tan solo mostrarse en los textos que produce y que realizarían la auténtica "flexión *literal*".

La segunda "Flexión literal", que cierra el número 2/3, actúa como si quisiera confirmar aquella sentencia en la que el texto teórico podía ser portador de la ficción. De este modo, el artículo comienza con un relato que, redoblando la provocación, presenta un icono

---

[134] Barthes, Roland, *El placer del texto y Lección inaugural*, Buenos Aires, Siglo XXI, 2003, p. 25.

populista: el caudillo Facundo Quiroga, "en curiosa función de crítico literario" (L. 2/3 p.145). En el breve relato, situado en Córdoba durante la invasión de Quiroga, dos viajeros franceses juegan con un largavista hasta que son vistos por el general y llevados ante su presencia para que muestren el artefacto. Los franceses deciden entonces extraer la lente central del instrumento, lo que da pie a la reflexión del autor: "Si el hombre no ve nada –pensaron– no ha de interesarle el invento". Cuando el lector quiere "ver" en un texto –en éste– pongamos por caso y nada ve, pierde también el interés; cabe entonces remitirlo a la investigación freudiana –capítulos de la *Represión* y de la *Pulsión de Saber*– aunque allí tampoco hay nada que ver (L 2/3 p. 146). Finalmente, Quiroga "ve" en el aparejo "el deseo pueril y masoquista de los dos viajeros" que buscan convertirse en "'víctimas-protagonistas' de una venganza bárbara" (L 2/3 p. 146), les devuelve el largavistas y los deja ir. La anécdota permite al autor relacionar la ausencia de la lente con la falta que constituye al sujeto en la teoría lacaniana y afirmar: "Este *pathos de la distancia*, este saber sobre el suplemento y el hueco constituyente, le permitió escribir a Quiroga una página de flexión literal" (L. 2/3 p. 146).

A partir del relato, como si invocara la fiereza de Quiroga, el texto elabora un ataque al realismo en términos bastante agresivos: "Porque si un hermoso azar puede producir obras valiosas 'desde' la ignorancia, cuando ésta es promovida al rango de modelo lo único que sabe parir es una manada de imbéciles" (L. 2/3 p.148), casi de amenaza: "a las vivezas, a las ganas de andar reflejando la vida, a la pretensión de ver y de 'tener que ver' más les valdría cuidarse"(L. 2/3 p.147). A la vez que la impronta psicoanalítica se hace más explícita: Freud es citado directamente, lo mismo que conceptos como la *castración*, el *superyó* y la *Ley del Padre* como irrupción del orden simbólico, entre otros. El texto extrae sus propias conclusiones del relato sobre Quiroga, resumidas en flexiones *literales* I y II, y una peculiar "tabla de equivalencias" que ataca los supuestos del realismo y el compromiso mientras defiende la experimentación con el lenguaje. Asimismo, se vincula con el texto de apertura al insistir en la supremacía de la metáfora sobre la metonimia, al afirmar que la flexión *literal* "se borra del plan pueril de acumular residuos metonímicos a ver si –en una de esas– sale una metáfora" (L. 2/3 pp. 147-148).

A su vez, a mitad de camino entre las dos "flexiones literales", en la página 59 del segundo número, encontramos un texto sobre

Macedonio Fernández: "–Apuntes alrededor de 35 versos de Elena Bellamuerte", escrito a cuatro manos entre Josefina Ludmer (que había publicado "El resto del texto" en el número 1) y Osvaldo Lamborghini. El texto no pierde la oportunidad de reelaborar las consignas y las críticas ya enunciadas, y aporta nuevas pistas acerca de cómo debería ser la literatura desde la perspectiva de *Literal*. Más allá de los consabidos ataques al realismo y al populismo, y de la mención explícita de Macedonio, Borges y Girondo como puntales de la tradición reivindicada por la revista, este artículo aporta otra novedad al programa de *Literal*: la reivindicación de la poesía en desmedro de la novela, como género clave para la renovación literaria. El principal atributo de la poesía que se esgrime contra "una literatura reducida a ese ser genérico que es la novela" es, entre otros, la capacidad del lenguaje poético de construir sus significados *in praesentia*, en el acto mismo de enunciarse, sin causas externas que determinen esa significación. Es esa misma "volatilidad" de la significación poética que se hace y deshace a la vista y promueve "constelaciones evanescentes" (L. 2/3 p. 63), propias del "carácter de progresión geométrica que adquiere la virtualidad de significar en la escritura" (L. 2/3 p. 64), y también el rol secundario que desempeña la significación en la poesía, donde: "la única visión posible es la de la letra (sus huecos, bordados, cortes)" (L. 2/3 p. 64). En atención a esas características, y teniendo en cuenta que: "leer una novela es ejercer el excitante turismo burgués: ver, tocar casi las maravillas y miserias de las culturas" (L. 2/3 p. 72), el artículo afirma la necesidad de "imponer un edicto aristocrático" que consiste en: "la reducción de toda 'literatura' a la poesía, a sus rasgos pertinentes" (L. 2/3 p. 73).

La tajante afirmación resulta –cuanto menos– curiosa si se tiene en cuenta que la revista, en sus mismas páginas, prácticamente no publicaba poesía[135], y que los textos de ficción que podían leerse, más o menos experimentales, si bien con cierto grado de hibridización entre géneros, no dejaban de pertenecer al campo de la narrativa. Además, del núcleo fundador de la revista –García, Gusmán y Lamborghini–, sólo éste último escribía poesía y a la fecha sólo había

---

[135] La excepción son los poemas "Soré", "Resoré" (*Literal I*) y "Cantar de las gredas en los ojos" (*Literal 2/3*), del mismo Lamborghini, y "Hiatos Irrationalis", de Jacques Lacan, con traducción de Oscar Masotta (*Literal 2/3*).

publicado su producción narrativa. Entonces, ¿cómo puede leerse esta sentencia? Strafacce aporta dos claves para la interpretación. En primer lugar, señala la genealogía del "edicto aristocrático", que no es otra que el manifiesto ultraísta que el joven Borges publicó en la revista *Nosotros*, en diciembre de 1921, y en el que afirma como primer principio del ultraísmo: "Reducción de la lírica a su elemento primordial; la metáfora"[136]. En segundo término, rescata la impronta novelística de Lamborghini y señala que éste: "cuando nombraba a la ´poesía´ probablemente no se refiriera a un género, sino a una intensidad"[137]. Esta lectura es acorde a la célebre frase que el mismo Lamborghini acuñó para explicar la extrañeza de su estilo: "En tanto poeta, ¡zás! novelista"[138]. Además pone sobre relieve, como señala César Aira, la reflexión entre prosa y poesía que marca toda su obra: "El verso como 'prosa cortada', la prosa como transmutación instantánea del verso"[139]. Este será, entonces, otro de los puntos en tensión donde se situará *Literal*, entre la intensidad de la poesía y la resolución de la narrativa. Si una vanguardia literaria ya no puede presentar un nuevo género, al menos podrá barajar los códigos para ponerlos frente a sus propios límites.

---

[136] "Ultraismo" en Lafleur, Héctor y Provenzano, Sergio (comp.), *Las revistas literarias*, Buenos Aires, CEAL, 1968, p. 24.

[137] Strafacce, op. cit.

[138] Aira, César, "Nota del compilador" en Osvaldo Lamborghini, *Novelas y Cuentos I*, Buenos Aires, Sudamericana, 2003, p. 301.

[139] Aira, César, op. cit.

III. La "restauración martinfierrista"

Tanto los nombres que *Literal* reivindica como propios para construir una tradición (Macedonio, Borges, Girondo) como sus propuestas y los procedimientos que utiliza para presentarlas, nos hablan de una firme voluntad de vinculación con la vanguardia martinfierrista de los años veinte. Del mismo modo se podría tratar de pensar a qué movimiento en la historia literaria argentina se oponen estas propuestas, y para eso sería útil preguntarse quién o quiénes, en los 50 años que median entre una revista y la otra, impugnaron a la generación de *Martín Fierro*. La respuesta a esta pregunta descansa en un grupo reunido alrededor de otra publicación. Nos referimos a *Contorno*, que dirigida por los hermanos David e Ismael Viñas publicó diez números ente 1953 y 1959. Precisamente el primer artículo del primer número, firmado por Juan José Sebreli, se titula "Los Martinfierristas: su tiempo y el nuestro, que junto al segundo artículo, "La traición de los hombres honestos" de Ismael Viñas, pueden ser leídos –según señala Martín Prieto–, como "manifiestos alternos de la publicación"[140]. El carácter no explícito de los manifiestos se explica en la firme intención de *Contorno* de distanciarse de todo procedimiento que remita a la vanguardia: "No gozamos de una fórmula para sindicar males –anuncia Ismael Viñas– ni para defender soluciones proféticamente satisfactorias, ni somos tan felices como para no ver en qué terminan las promesas mesiánicas"[141]. Del mismo modo, Sebreli se encarga de trazar una firme oposición al movimiento martinfierrista, que en sus palabras: "exhala una esotérica arrogancia" producto de "la francmasonería de la juventud"[142]. Para *Contorno*, en palabras de David Viñas: "El martinfie-

---

[140] Prieto, Martín, op. cit. cap. 12, p.321.

[141] Viñas, Ismael, "La traición de los hombres honestos" en *Contorno* N° 1, Noviembre, 1953, p. 2.

[142] Sebreli, Juan José, "Los 'martinfierristas': su tiempo y el nuestro", op.cit.

rrismo fue un típico juego de chicos, con todas sus características"[143]. De esta manera, el martinfierrismo es caracterizado como un berrinche juvenil que encuentra en el límite estricto de la madurez biológica el signo de su esterilidad. A esa gratuidad de la rebelión juvenil, los *contornistas* contrapondrán el abrupto crecimiento del proletario, "que no es nunca joven, pasa sin transición de la adolescencia a la edad del compromiso y la responsabilidad, a la edad del hombre"[144]. Además, se sentirán responsables por los errores de sus mayores "por lo que los hombres del espíritu no han hecho"[145]. Para dar cuenta de las apuestas que se juega *Contorno* en el campo literario basta con revisar sus números especiales. Así, en el segundo número, dedicado a Roberto Arlt, el grupo hace explícita su jugada más audaz, que ya había iniciado en parte con los ataques al martinfierrismo, elípticamente a *Sur* y al suplemento cultural de *La Nación*, como instancias de legitimación: ubicar a Arlt en el centro del canon literario en lugar de Borges. El número 4 está dedicado a Martínez Estrada, modelo de esta generación en el estilo en que mejor se desempeñan sus integrantes: el ensayo. Por su parte, el número 5 se destina a lo que el grupo considera el género literario por antonomasia: la novela (no casualmente el rubro en el que descolló Arlt y el único no abordado por Borges). A esto hay que sumar el disruptivo afán por separar las letras de las "bellas artes" (tal como las entendía Victoria Ocampo y el grupo *Sur*) y vincularlas a una lectura política, como deja claro desde el título *Literatura argentina y realidad política*, libro célebre de uno de sus mayores exponentes: David Viñas.

Se puede discutir la efectividad de las tesis enunciadas por contorno, pero es innegable su influencia y radiación hacia fines de los sesenta y principios de los setenta. Frente a esta situación, *Literal* recupera las figuras martinfierristas de Borges y Girondo y reconoce al mismo "maestro" en la figura de Macedonio Fernández, atenta contra los géneros consolidados y propone mezclar los códigos "a ver qué pasa"; impugna una literatura subordinada al referente y desestima la novela en nombre de la intensidad y el poder de significación múltiple de la poesía. En suma, lo que advertimos en *Literal* es un ataque a las propuestas que había esgrimido y consolidado *Contorno* veinte años atrás: la novela como género, el realismo como estilo, la política como fuente de sentido y lente para "leer" la literatura argentina, y el compromiso como responsabilidad del intelectual.

---

[143] Contorno N° 3, p. 7.
[144] Sebreli, Juan José, op. cit.
[145] Viñas, Ismael, op. cit.

Al situarse en la tensión que marcan los proyectos de *Martín Fierro* y *Contorno*, las propuestas de *Literal* adquieren otro matiz. Es curioso que tanto *Contorno*, –veinte años después–, como *Literal* –cincuenta años más tarde–, tengan que dejar sentada una posición –a favor o en contra– en relación con el martinfierrismo, como si la condición inaugural de este movimiento forzara a todos los sucesivos a definirse respecto de él. Los lazos que traza *Literal* con aquellos no sólo demuestran, como afirma Giorgo Agamben, que: "la vanguardia, cuando es consciente, nunca está dirigida hacia el futuro, sino que es un esfuerzo extremo por recuperar una relación con el pasado".[146] Más que eso representa, en su conjunto, un intento de "restauración martinfierrista" que reponga algunos de aquellos valores de la primera vanguardia desestimados por *Contorno*, y ubique a los miembros de *Literal* como sus legítimos herederos.

La vanguardia retrocede

El surgimiento de *Literal* se da en un contexto histórico excepcional. Proyectada durante el vertiginoso año 73, en el arco que traza el ascenso de las expectativas de transformación social con la "primavera camporista" y su caída a partir de la "Masacre de Ezeiza", la revista se concibió en un clima de creciente agitación. Creada por un grupo de escritores e intelectuales autodidactas, influenciados por la figura de Oscar Masotta y que compartían con éste su no institucionalización, la revista se gestó al calor de la bohemia de los bares de calle Corrientes, y cierta atmósfera de conspiración que allí se respiraba no le fue ajena. Por otra parte, *Literal* se vio favorecida por un "boom del libro argentino" que estimuló el crecimiento de pequeñas editoriales ávidas de nuevos autores que fueran capaces de crear su propio público. Algunas de esas editoriales independientes (Jorge Álvarez, L.H. y, sobre todo, Noé) albergaron y le dieron lugar a las primeras obras de los escritores que harían *Literal*. De este modo, *Nanina* (García), *El Fiord* y *Sebregondi Retrocede* (Lamborghini) y *El frasquito* (Gusmán) preceden la salida de la revista, que de algún modo llega a posteriori para encuadrar y dar forma de programa a esas obras que irrumpen

---

146 Agamben, Giorgio, *Infancia e historia*, Buenos Aires, Adriana Hidalgo, 2003, p.201.

sobre fines de los sesenta y principios de los setenta, como una actualización literaria de las novedades teóricas que habían aportado otras áreas tales como las ciencias sociales, la lingüística o el psicoanálisis. El cruce entre estas obras novedosas y el renovado arsenal teórico produce textos de potencia inusitada, que definen un extremo de la creación literaria y a su vez anticipan el tono de la literatura argentina de los años ochenta, cuando el fin de la dictadura y la apertura democrática propicien una nueva poética sostenida por escritores como César Aira, Héctor Libertella y Rodolfo Fogwill.

Literal se inserta en un campo en el cual el realismo se reivindica como la poética privilegiada en función de su eficacia para retratar las injusticias sociales y las luchas revolucionarias que buscan revertirlas. En ese mismo sentido, hasta se llega a proponer al periodismo, por su mayor valía testimonial, por encima de la literatura, a la que se sospecha obsoleta, o mera "expresión de clase burguesa", ante el anhelado objetivo de la revolución social. El antiintelectualismo propone cierta versión de la literatura que debe justificar su utilidad como herramienta revolucionaria, mientras la especificidad de las prácticas intelectuales parece disolverse en las arenas de la militancia política. Ante esta situación, *Literal* atacará el realismo, objetando su impronta alucinatoria y su mala fe, que intenta hacer pasar por reflejo lo que no deja de ser una construcción y propondrá, a cambio, una literatura "del lenguaje", menos preocupada por transmitir un referente que por indagar en esos mismos "mecanismos de transmisión". *Literal* identificará el idioma "transparente" que reivindica el realismo con la misma lengua dominante que esta poética dice combatir. Someterse a los dictados del referente será acatar en la letra los dictámenes que día a día se reproducen en las relaciones asimétricas de poder de la vida cotidiana. De aquí que la propuesta de *Literal* no sea "reaccionaria", sino que se cuestiona, con sensatez: ¿cómo a una nueva sociedad le podría corresponder una vieja literatura anclada en una poética del siglo XIX que reproduce el lenguaje hegemónico? No se puede cambiar el orden social sin revolucionar su vehículo de expresión, parece querer decir *Literal*. De ahí que la revista no abogue por una literatura política, como gran parte del campo intelectual, sino por una política de la literatura.

Más allá de apuntar contra la literatura realista oponiéndole una literatura alejada de la preocupación por el referente y concentrada en el trabajo con el lenguaje, también se objeta que el periodismo sea una práctica capaz de competir con la literatura. En primer lugar se pone de manifiesto que se trata de una actividad "rentada", sostenida por una empresa y orientada hacia un fin. El periodista es un empleado, un "trabajador"; mientras que el escritor, para *Literal*, es un sujeto que goza con las palabras. Aquí hay otra distinción radical con la figura de escritor que impera en el campo: para la revista no se trata de un sujeto sacrificado que emplea su fuerza de trabajo, sino de un sujeto que se entrega al placer solitario de la letra, emparentado al del onanismo. Goce por sacrificio será otra de las permutaciones claves en la concepción de la revista, que de este modo toma distancia de las categorías marxistas para definir la actividad del escritor.

Impugnación del realismo en pos de cambiar una literatura política por una política de la literatura, división de aguas entre el periodismo y la literatura, imagen del escritor definido por la figura del goce en lugar del sacrificio. Podríamos englobar todas estas acciones de *Literal* en función de un objetivo en común: salvaguardar la autonomía del campo literario, justamente en el momento en que éste se halla jaqueado por la influencia que sobre él ejerce el campo político. La apuesta de *Literal* en el campo literario no apunta a obtener una ubicación más o menos privilegiada a partir de la acumulación de capital específico, sino a subvertir la lógica de ese campo, atacando sus posiciones hegemónicas (el realismo, el populismo, la literatura testimonial) y proponiendo a cambio una nueva forma de capital, que le es propia. Ese capital tendrá que ver no sólo con las obras literarias de los responsables de la revista, sino también con una forma novedosa de leerlas, precisamente para sacarlas del lugar de lo raro o lo excéntrico y proponerlas como exponentes de una nueva corriente literaria. Así, *Literal* desarrollará, a partir de los aportes de las novedades teóricas del psicoanálisis lacaniano y el posestructuralismo, una "máquina de lectura" propia que no sólo le permitirá ubicar sus textos en un lugar central, sino también leer su época "a contrapelo" de las visiones hegemónicas del campo y elaborar una mirada propia y singular.

Sin embargo, sería un error calibrar las apuestas de la revista sólo en el plano de su radio contemporáneo de acción sin ponerlas a jugar con la tradición literaria en la que se insertan. En este sentido, *Literal* elabora un canon propio retomando autores vinculados al movimiento martifierrista de comienzos de los años veinte, como son Macedonio Fernández, Oliverio Girondo y Jorge Luis Borges. La inclusión de este último es posible porque su posición central en el campo literario es amenazada por sus afinidades políticas, de forma tal que su reivindicación como parte del canon de la vanguardia constituye un gesto provocativo y polémico. Sin embargo la disputa con el autor de *El Aleph*, aunque solapada, es insoslayable, y de ahí que no se reivindique el Macedonio legado por Borges, sino un Macedonio leído en varios sentidos. En primer lugar, a partir de la edición de sus textos; muchos de los cuales nunca antes habían sido publicados. En segundo lugar, elaborando una lectura que hace suya los aportes del psicoanálisis lacaniano; y en tercer lugar, leyéndolo a través de otro nombre clave para *Literal*: Witold Gombrowicz. De ese modo, en la figura de Macedonio convergen el ataque al realismo y la representación en la literatura, la conformación de un artefacto de lectura a partir de los aportes teóricos del psicoanálisis y el reconocimiento de Gombrowicz como interlocutor macedoniano y contrafigura de Borges.

Cabe señalar que las afinidades con *Martín Fierro* no se limitan a la reivindicación de ciertos nombres. *Literal* recrea muchos de los procedimientos del grupo de los años veinte, especialmente en los diversos manifiestos de la revista. Esta vinculación también implica una oposición a las tesis que *Contorno* había instalado en el campo literario a partir de los años cincuenta, justamente a despecho del martinfierrismo: la figura de un intelectual "comprometido", la opción por la narrativa y, especialmente, por la novela de carácter realista, y la responsabilidad del intelectual ante la situación en que se encuentra inmerso. *Literal* atacará estos postulados, reivindicando la intensidad de la poesía para hacer y deshacer el sentido contra las certezas de la novela, defenderá la práctica literaria desde el goce con la letra y no desde el sacrificio por una causa, e impugnará al realismo como estilo incapaz de dar cuenta de una realidad irrepresentable. A través de esta suerte de "restauración martinfierrista", *Literal* buscará su lugar en la tradición de revistas literarias argentinas: en conexión con *Martín Fierro*, en oposición a *Contorno* y como antecedente de la literatura que se desarrollará en la década siguiente.

En definitiva, *Literal* se llevó adelante durante algunos de los años más convulsionados de la historia argentina. Articuló una propuesta que no sólo apuntó a preservar la autonomía del campo literario, sino que apostó por cambiar la forma en que se leía y se escribía hasta entonces, y trazó una genealogía propia, releyendo la tradición literaria que la precedía. Hoy resulta difícil pensar la literatura argentina de los años setenta a esta parte –y algunos de sus textos más radicales y novedosos– por fuera de la influencia de *Literal*. La revista se situó en un campo de tensiones que explotó a su favor: entre no matar la palabra y no dejarse matar por ella; entre el juvenilismo festivo de *Martín Fierro* y la adulta responsabilidad de *Contorno*; entre la teoría y la ficción, estimulando la intriga, obteniendo su energía en la fricción de los extremos; en el gesto detenido del conspirador a punto de dar el golpe.

Bibliografía

Agamben, Giorgio, *Infancia e historia*, Buenos Aires, Adriana Hidalgo, 2003.

Aira, César. *Diccionario de autores latinoamericanos*. Ada Korn-Emecé, Buenos Aires, 2001.

———— "Nota del compilador" en Osvaldo Lamborghini, *Novelas y Cuentos* I, Buenos Aires, Sudamericana, 2003.

———— "Prólogo" en Osvaldo Lamborghini, *Novelas y Cuentos*, Barcelona, Del Serbal, 1988.

Albano, Sergio, *Glosario de términos lacanianos*, Buenos Aires, Quadrata, 2005.

Astutti, Adriana, *Andares Clancos*, Rosario, Beatriz Viterbo editora, 2001.

Barthes, Roland, *El placer del texto y Lección inaugural*, Buenos Aires, Siglo Veintiuno, 2003

———— "La muerte del autor" en *El susurro del lenguaje*, Barcelona, Paidós, 1987, p. 3.

Benjamin, Walter, *Poesía y Capitalismo Iluminaciones II*, Madrid, Taurus, 1999.

———— Tesis "Sobre el concepto de la historia" en Conceptos de Filosofía de la historia, Buenos Aires, Terramar, 2007.

Bourdieu, Pierre, "Campo de poder, campo intelectual y habitus de clase" en *Campo del poder y campo intelectual*, Folios ediciones, Buenos Aires, 1983.

Bourdieu, Pierre y Wacquant, Loïc, *Respuestas. Por una antropología reflexiva*, México, Grijalbo, 1995.

Caparrós, Martín y Anguita, Eduardo, *La Voluntad Tomo I*, Buenos Aires, Norma, 1997.

———— *La Voluntad Tomo II*, Buenos Aires, Norma, 1998.

Cobas Carral, Andrea, "Usos del estridentismo: el movimiento infrarrealista y Los detectives salvajes de Roberto Bolaño", *Actas del Congreso Internacional Transformaciones Culturales* FFyL, UBA, 2006. En prensa.

Engelbert, Jo Anne, "El proyecto narrativo de Macedonio" en *Museo de la novela de la Eterna,* edición crítica, Madrid, Fondo de Cultura Económica, 1993.

Fernández, Macedonio, *Museo de la novela de la Eterna*, edición crítica, Madrid, Fondo de Cultura Económica, 1993.

García, Germán, "Otro modo de hablar" en Ñ, 18 de Marzo de 2006, p.22.

————— *Fuego Amigo*, Buenos Aires, Grama Ediciones, 2003.

————— *Macedonio Fernández: la escritura en objeto*, Buenos Aires, Siglo XXI, 1975.

—————"Los nombres de la negación" en *El Fiord*, Buenos Aires, Chinatown, 1969.

Gilman, Claudia, *Entre la pluma y el fusil. Debates y dilemas del escritor revolucionario en América Latina* Buenos Aires, Siglo Veintiuno, 2003.

Giordano, Alberto, "*Literal* y *El frasquito*: las contradicciones de la vanguardia" en *Razones de la Crítica (sobre literatura, ética y política)*, Buenos Aires, Colihue, 1999.

Gombrowicz , Witold, *Diario Argentino*, Buenos Aires, Adriana Hidalgo, 2003.

————— *Testamento: Conversaciones con Dominique de Roux*, Barcelona, Anagrama, 1991.

Gusmán, Luis, *El frasquito*, Buenos Aires, Alfaguara, 1996.

Laclau, Ernesto, "¿Por qué los significantes vacíos son importantes para la política?" en *Emancipación y diferencia*, Buenos Aires, Ariel, 1996.

Laclau, Ernesto y Mouffe, Chantal, *Hegemonía y estrategia socialista*, Buenos Aires, Siglo XXI, 1987.

Lafleur, Héctor y Provenzano, Sergio (comp.), *Las revistas literarias*, Buenos Aires, CEAL, 1968.

Lamborghini, Osvaldo, *Novelas y Cuentos* I, Buenos Aires, Sudamericana, 2003.

Libertella, Héctor, "La propuesta y sus extremos" en *Literal* 1973-1977, Buenos Aires, Santiago Arcos, 2003.

————— "Prólogo" en *II relatos argentinos del Siglo XX (Una antología alternativa)*, Perfil, 1997.

Longoni, Ana, "Estudio Preliminar" en Masotta, Oscar, *Revolución en el Arte*, Buenos Aires, Edhasa, 2004.

Perlongher, Néstor, *Papeles Insumisos*, Buenos Aires, Santiago Arcos, 2004.

Pezzoni, Enrique, "Tres obras singulares" en "Cultura y Nación", suplemento cultural de *Clarín*, 27 de noviembre de 1973, p. 3.

Piglia, Ricardo, "Notas sobre Macedonio en un diario", en *Formas Breves*, Buenos Aires, Temas, 1999.

Prieto, Martín, *Breve historia de la literatura argentina*, Buenos Aires, Taurus, 2006.

Rivera, Jorge B., *El periodismo cultural*, Buenos Aires, Paidós, 1995.

Sarlo, Beatriz (comp.), *Revista Martín Fierro: Antología 1924-1927*. Buenos Aires, Carlos Pérez editor, 1969.

———— *La batalla de las ideas* (1943-1973), Buenos Aires, Ariel, 2001.

———— "Vanguardia y criollismo: la aventura de Martín Fierro" en *Revista de crítica literaria latinoamericana*, Lima, año VIII, n° 15, 1° semestre 1982.

———— "La ficción, antes y después de 1976" en *Ñ*, 18 de Marzo de 2006, pp. 16-17.

Sigal, Silvia, *Intelectuales y poder en la década del sesenta*, Buenos Aires, Puntosur, 1991.

Strafacce, Ricardo, *Osvaldo Lamborghini, Una biografía*, Buenos Aires, Mansalva, 2008.

Tabarovsky, Damián, *Literatura de Izquierda*, Rosario, Beatriz Viterbo, 2004.

Terán, Oscar, *Nuestros años sesentas*, Buenos Aires, Puntosur, 1991.

Walsh, Rodolfo, *Ese hombre y otros papeles personales*, Buenos Aires, Seix Barral, 1996.

———— Walsh, Rodolfo, *Un oscuro día de justicia*, ed. Siglo XXI, Buenos Aires, 1973.

Revistas y suplementos consultados

Anamorfosis No. 4.
Crisis (Período 1973-1976).
Contorno No. 1 y No. 3.
El Descamisado (Período 1973).
Lecturas Críticas I, 1980.
Los Libros (Período 1969-1976).

Ariel Idez

Revista, *2001. Periodismo de liberación*, año 6, No. 61, agosto 1973.
Semanario Panorama, 18 de Enero de 1973 y 22 de febrero de 1973.
Suplemento "Cultura y Nación", diario *Clarín* (Período 1973-1976).
Suplemento "Cultural" de *El Ciudadano*, Rosario, 6 de febrero de 2000.
Todo es Historia, No. 120, Buenos Aires, junio 1977.

A mis padres: Elsa y Jorge